01 DE DEZEMBRO DE 2023

I0446859

LGPD PARA ADVOGADOS: ORIENTAÇÕES PARA A CONFORMIDADE E PROTEÇÃO DE DADOS EM ESCRITÓRIOS JURÍDICOS.

PAULO RICARDO LUDGERO
contatoludgeroadvocacia@gmail.com

Sumário

PREFÁCIO

A chegada da era digital trouxe consigo uma revolução no que diz respeito à coleta, armazenamento e uso de informações pessoais. A proliferação de dados e a crescente preocupação com a privacidade das pessoas resultaram na implementação de regulamentações rigorosas em todo o mundo. No Brasil, a Lei Geral de Proteção de Dados (LGPD) foi criada para atender às demandas por maior segurança e respeito à privacidade dos cidadãos.

Em um ambiente em constante transformação e avanço, os escritórios jurídicos têm um papel fundamental na garantia da conformidade com a LGPD. O livro "LGPD para Advogados: Diretrizes para Cumprimento e Proteção de Dados em Escritórios Jurídicos" é uma valiosa fonte de orientação para advogados e profissionais do setor jurídico que desejam entender e atender aos requisitos dessa importante legislação.

Entendendo a LGPD (Lei Geral de Proteção de Dados)

Para iniciar, o livro esmiúça os conceitos fundamentais da LGPD e destaca sua importância para advogados e escritórios jurídicos. A LGPD não é apenas uma nova regulamentação, mas uma mudança de paradigma na forma como as empresas e instituições lidam com dados pessoais. Os advogados, como guardiões da lei, têm a responsabilidade de não apenas cumprir a LGPD, mas também de orientar seus clientes e colegas sobre como fazê-lo.

O Tratamento de Dados Pessoais na Advocacia

A coleta e uso de informações pessoais fazem parte do cotidiano dos escritórios jurídicos. Este capítulo explora as nuances da coleta e do tratamento de dados pessoais, abordando questões como consentimento e finalidades do tratamento de dados.

Os advogados precisam estar cientes de como lidar com dados sensíveis e garantir que sua manipulação seja sempre legal e ética.

Direitos dos Titulares de Dados sob a LGPD

A LGPD concede aos titulares de dados uma série de direitos, incluindo o acesso, retificação, eliminação e anonimização de informações pessoais. Este capítulo detalha como os advogados podem auxiliar seus clientes na defesa desses direitos, incluindo os procedimentos para atendimento das solicitações dos titulares.

Segurança da Informação e Proteção de Dados nos Escritórios Jurídicos

A segurança da informação é uma preocupação crucial na era digital. Aqui, o livro explora as medidas de segurança necessárias para proteger os dados dos escritórios jurídicos, bem como as políticas de retenção e descarte de informações. Afinal, a confidencialidade das informações é fundamental para a prática jurídica.

Compartilhamento de Dados com Terceiros e Parcerias

O compartilhamento de dados é comum na advocacia, seja com parceiros ou fornecedores. Este capítulo aborda a responsabilidade compartilhada na proteção de dados e fornece orientações sobre como elaborar contratos e acordos que garantam a conformidade com a LGPD.

Uso de Tecnologia e Conformidade com a LGPD

A tecnologia desempenha um papel essencial nos escritórios jurídicos modernos. Aqui, o livro analisa a utilização de sistemas e softwares e como garantir que essas ferramentas estejam em conformidade com a LGPD. A tecnologia pode ser uma aliada na proteção de dados, desde que seja usada de forma responsável.

Encarregado de Proteção de Dados (DPO) nos Escritórios Jurídicos

A nomeação de um Encarregado de Proteção de Dados (DPO) é uma exigência da LGPD. Este capítulo explora as funções e responsabilidades do DPO e os benefícios de tê-lo no escritório. O DPO desempenha um papel fundamental na garantia da conformidade com a LGPD.

Boas Práticas para Adequação à LGPD na Advocacia

A conformidade com a LGPD não é um evento único, mas um processo contínuo. Este capítulo oferece orientações sobre como elaborar um plano de adequação à LGPD, treinar os colaboradores e realizar monitoramento e revisão contínua para garantir a conformidade.

LGPD e o Relacionamento com os Clientes

A privacidade é um fator de confiança e fidelização dos clientes. Neste capítulo, o livro explora como a LGPD pode ser usada como uma ferramenta para construir uma relação de transparência e segurança com os clientes, reforçando a confiança na prática jurídica.

Aspectos Éticos e Legais na Advocacia e LGPD

A ética profissional e a conformidade com a LGPD estão intrinsecamente ligadas. Aqui, o livro analisa as consequências legais da não conformidade com a LGPD e destaca a importância de agir de forma ética na proteção de dados dos clientes.

Conclusão

No capítulo final, o livro recapitula os principais pontos e considerações finais sobre a LGPD para advogados. A privacidade e a conformidade com a LGPD são um compromisso contínuo na prática jurídica, e este livro serve como um guia valioso para alcançar esse objetivo.

Apêndice

Para facilitar a compreensão e implementação da LGPD, o livro inclui um glossário de termos relacionados à LGPD e modelos de documentos que podem ser usados para a adequação à legislação em escritórios jurídicos. Esses recursos práticos tornam o livro uma ferramenta completa para advogados que desejam se manter em conformidade com a LGPD.

Em resumo, "LGPD para Advogados: Orientações para a Conformidade e Proteção de Dados em Escritórios Jurídicos" é um guia abrangente e prático para advogados que desejam entender e cumprir a LGPD. A proteção de dados pessoais é uma preocupação global, e a conformidade com a legislação é essencial para a credibilidade e sucesso de qualquer escritório jurídico. Este livro é uma ferramenta valiosa para ajudar os advogados a enfrentar os desafios da era digital e a proteger a privacidade de seus clientes de maneira.

Paulo Ricardo Ludgero

Autor

DEDICATÓRIA

Dedico este livro primeiramente a Deus, fonte suprema de conhecimento e guia de todos os meus passos.

Dedico também, com todo o meu amor e gratidão, à minha esposa *Talita* e aos meus filhos *Victória e Enzo*, que são a minha maior motivação e me enchem de alegria e sentido todos os dias.

Aos meus professores e mentores, obrigado pelos ensinamentos, inspiração e exemplo de vida que me trouxeram até aqui.

E a todos que de alguma forma contribuíram para a realização desta obra, compartilhando seu conhecimento, experiências e aprendizados.

Que este livro cumpra seu propósito de guiar os Advogados e escritórios jurídicos para a conformidade com a LGPD e para uma cultura de inovação ética e responsável. E que ele inspire muitos outros a colocar os direitos humanos no centro da transformação digital.

CAPÍTULO 1

Introdução

A revolução digital tem moldado o mundo de maneira inigualável nas últimas décadas, trazendo consigo um tesouro incalculável: dados. Em meio a essa era de conectividade e informações, a privacidade dos indivíduos e a segurança de seus dados pessoais se tornaram uma preocupação premente. Foi nesse contexto que a Lei Geral de Proteção de Dados (LGPD) surgiu como uma resposta à necessidade urgente de proteger os cidadãos e suas informações.

Para os profissionais do direito, a LGPD representa uma mudança fundamental na maneira como as informações pessoais são tratadas e protegidas. Advogados e escritórios jurídicos desempenham um papel crucial nesse novo cenário, uma vez que são os guardiões da lei e, portanto, responsáveis por garantir que seus clientes cumpram as regulamentações de privacidade e proteção de dados.

Este livro, "LGPD para Advogados: Orientações para a Conformidade e Proteção de Dados em Escritórios Jurídicos", tem como objetivo ser um farol nesse oceano de mudanças. Ele foi concebido para oferecer orientações claras e práticas para advogados que desejam compreender, aplicar e prosperar sob a égide da LGPD. Não é apenas um guia, mas uma ferramenta vital para o sucesso e a ética na prática jurídica na era digital.

A LGPD não é uma simples legislação; é uma promessa à sociedade de que a privacidade e a segurança de dados pessoais são direitos inalienáveis. Como advogados, temos a responsabilidade de não apenas cumprir a LGPD, mas também de sermos arautos de sua importância, guiando nossos clientes em um mundo de constante evolução tecnológica e regulatória.

Neste livro, exploraremos a LGPD em sua totalidade. Começaremos por entender suas raízes e princípios, detalhando como ela se encaixa no contexto legal brasileiro e internacional. Em seguida, abordaremos questões fundamentais, como a coleta e o tratamento de dados pessoais na prática jurídica, os direitos dos titulares de dados e as medidas de segurança necessárias para proteger essas informações.

Além disso, discutiremos o compartilhamento de dados com terceiros, a importância de nomear um Encarregado de Proteção de Dados (DPO), e ofereceremos diretrizes para a elaboração de um plano de conformidade com a LGPD. Mais do que apenas cumprir as regulamentações, este livro destacará como a conformidade com a LGPD pode ser uma vantagem competitiva e um selo de confiança para os clientes.

A privacidade e a proteção de dados são preocupações universais, e a LGPD é a resposta brasileira a esse desafio global. Nossa intenção é tornar o caminho para a conformidade mais claro e acessível, permitindo que advogados e escritórios jurídicos enfrentem essas questões com confiança e integridade.

Ao concluir esta leitura, você estará mais bem preparado para compreender e atender às exigências da LGPD, bem como para orientar seus clientes nessa jornada. A privacidade e a proteção de dados não são apenas conceitos regulatórios, mas princípios éticos e fundamentais que moldarão o futuro da prática jurídica e da sociedade como um todo.

Portanto, convidamos você a embarcar nessa jornada de descoberta e compreensão da LGPD. Como defensores da justiça e dos direitos, temos a oportunidade e a responsabilidade de liderar a proteção da privacidade na era digital. Este livro é o seu companheiro nessa jornada, capacitando-o a enfrentar os desafios e oportunidades que a LGPD apresenta aos advogados e escritórios jurídicos.

1. A importância da LGPD para Advogados e Escritórios Jurídicos

A Lei Geral de Proteção de Dados (LGPD) representa um marco significativo na legislação brasileira e tem um impacto profundo em diversas áreas da sociedade, incluindo a prática jurídica. À medida que a sociedade avança na era digital, a LGPD emerge como uma regulamentação crucial para garantir a proteção da privacidade e a segurança dos dados pessoais dos cidadãos. Neste artigo, exploraremos em detalhes a importância da LGPD para advogados e escritórios jurídicos, fornecendo uma visão abrangente de como essa legislação impacta a prática jurídica no Brasil.

A LGPD chegou ao Brasil em um momento em que a sociedade se tornou inextricavelmente digital, com a quantidade de informações pessoais circulando na rede aumentando exponencialmente. Nesse contexto, a privacidade e a proteção de dados pessoais tornaram-se uma prioridade urgente. A LGPD tem como principal objetivo garantir que os cidadãos mantenham o controle sobre suas informações e que as empresas e organizações respeitem a privacidade de seus clientes e parceiros.

Para os advogados e escritórios jurídicos, a LGPD não é apenas uma regulamentação a ser cumprida, mas uma oportunidade de se destacar como defensores da justiça e da ética profissional. Vamos explorar em detalhes por que a LGPD é de suma importância para a prática jurídica no Brasil.

1.1.   Protegendo a Privacidade e a Segurança dos Dados

A LGPD coloca em primeiro plano a proteção da privacidade e a segurança dos dados pessoais. Isso é crucial em uma sociedade onde informações confidenciais, como históricos médicos, registros financeiros, informações contratuais e dados pessoais sensíveis, são frequentemente compartilhadas e armazenadas digitalmente. Advogados e escritórios jurídicos estão no epicentro desse desafio, já que lhes é confiada a guarda de informações sensíveis de seus clientes.

Ao adotar as diretrizes da LGPD, os advogados garantem que as informações pessoais de seus clientes sejam tratadas com o devido respeito, segurança e confidencialidade. Isso não é apenas uma obrigação legal, mas uma demonstração de compromisso com a ética profissional e a confiança do cliente.

1.2. Reforçando a Confiança do Cliente

A confiança é um dos pilares fundamentais da relação entre advogados e clientes. Os clientes confiam a seus advogados detalhes de suas vidas, negócios e problemas legais. Em um mundo onde as violações de dados se tornaram notícias comuns, a confiança do cliente pode ser abalada rapidamente se um escritório jurídico não tiver salvaguardas adequadas em vigor.

A LGPD permite que os advogados demonstrem seu compromisso inabalável com a privacidade e a proteção de dados pessoais. Quando um cliente sabe que seu advogado está seguindo as melhores práticas de conformidade com a LGPD, isso constrói uma base sólida de confiança. A confiança do cliente não é apenas valiosa para a reputação de um escritório jurídico, mas também é um ativo intangível que pode ser decisivo na atração e retenção de clientes.

1.3. Evitando Riscos Legais e Financeiros

A não conformidade com a LGPD pode resultar em riscos legais e financeiros significativos. Multas substanciais podem ser impostas a empresas e organizações que não respeitam as regulamentações de privacidade. Além disso, as violações de dados podem levar a litígios, danos à reputação e perda de negócios.

Advogados e escritórios jurídicos, como defensores legais de seus clientes, têm a responsabilidade de conhecer e cumprir as regulamentações de privacidade. Isso não apenas protege os escritórios jurídicos de possíveis ações legais e multas, mas também demonstra um compromisso inabalável com a ética e a conformidade.

Além das implicações legais e financeiras, a não conformidade com a LGPD também pode resultar em um ônus significativo para a reputação de um escritório jurídico. A confiança dos clientes é um ativo valioso que pode levar anos para ser construído, mas pode ser perdida rapidamente em caso de violações de dados ou escândalos de privacidade. Um escritório jurídico que falha em proteger adequadamente os dados pessoais de seus clientes pode enfrentar uma erosão da confiança que pode afetar sua capacidade de atrair novos clientes e manter os atuais.

Além disso, as consequências financeiras da não conformidade podem ser devastadoras. Multas substanciais podem representar um peso financeiro que muitos escritórios jurídicos não podem suportar. Isso pode levar a desafios financeiros significativos e até mesmo à inviabilidade financeira de um escritório jurídico. A LGPD não deve ser vista como uma mera obrigação legal, mas como um investimento em salvaguardar a reputação e a estabilidade financeira de um escritório jurídico.

Em última análise, a LGPD representa uma oportunidade para que os advogados e escritórios jurídicos se destaquem não apenas como defensores da lei, mas como guardiões da privacidade e da ética. Ao abraçar essa regulamentação e integrá-la à sua prática, os advogados reforçam a confiança dos clientes, protegem sua reputação, evitam riscos financeiros e cumprem seu papel fundamental na proteção da privacidade na sociedade digital. Portanto, a importância da LGPD para advogados e escritórios jurídicos não pode ser subestimada; é um compromisso com a ética, a integridade e a excelência profissional.

1.4. A importância da LGPD para a ética Profissional

Os advogados são responsáveis por defender os interesses de seus clientes com integridade e ética. A LGPD se encaixa perfeitamente nessa equação, uma vez que se baseia em princípios éticos de respeito à privacidade e proteção de dados pessoais. Ao aderir à LGPD, os advogados não apenas cumprem uma exigência legal, mas também reforçam seu compromisso com a ética profissional.

Advogados que demonstram que entendem a importância da LGPD e a aplicam em sua prática não são apenas advogados, mas defensores da justiça e da ética na era digital. Eles lideram pelo exemplo, mostrando que a proteção da privacidade e a conformidade com as regulamentações são princípios inegociáveis em sua abordagem profissional.

Além de demonstrar um comprometimento inabalável com a ética profissional, os advogados que adotam a LGPD também desempenham um papel crucial na edificação de uma sociedade mais equitativa e responsável na era digital. A preservação dos dados pessoais emerge como um componente fundamental na asseguração do controle que os cidadãos têm sobre as informações que compartilham, evitando, assim, sua exploração indevida. Por conseguinte, os advogados que se destacam na aplicação da LGPD estão a contribuir para um contexto em que os direitos e a privacidade dos indivíduos são respeitados.

Adicionalmente, os advogados têm a possibilidade de assumir o papel de verdadeiros conselheiros de seus clientes dentro deste novo paradigma regulatório. Ao possuírem um entendimento profundo dos detalhes da LGPD, eles conseguem orientar seus clientes no que concerne à aquisição, uso e tratamento responsável de dados pessoais. Tal direcionamento não apenas auxilia na prevenção de potenciais imbróglios legais, mas também possibilita que os clientes tirem proveito máximo das oportunidades no mundo dos negócios na economia digital, ao mesmo tempo que mantêm a confiabilidade do público.

A LGPD não deve ser encarada como uma barreira, mas sim como um impulsionador de uma prática jurídica mais ética, responsável e em consonância com os valores da sociedade contemporânea. Os advogados e escritórios jurídicos que abraçam a LGPD não estão meramente a cumprir uma regulamentação; estão a construir um porvir onde a privacidade e a salvaguarda de dados se consagram como princípios basilares. Eles lideram a trilha na direção de uma prática jurídica que não apenas observa a lei, mas também desenha um ambiente mais equitativo e ético para todos.

1.5. A LGPD como Diferencial Competitivo

A conformidade com a LGPD não é apenas um fardo regulatório; é também um diferencial competitivo. Os escritórios jurídicos que podem demonstrar que estão aderindo à LGPD enviam um sinal claro aos clientes de que levam a sério a proteção de seus dados pessoais.

Em um mercado altamente competitivo, a conformidade com a LGPD pode ser uma vantagem que ajuda a atrair e reter clientes. É um selo de confiança que diz aos clientes que seus interesses estão seguros nas mãos de advogados comprometidos com a ética, a privacidade e a proteção de dados.

Para além de ser uma garantia de cumprimento das normas legais, a aderência à LGPD representa um ponto de diferenciação estratégica. Os escritórios jurídicos que conseguem mostrar seu compromisso com a LGPD estão, na realidade, erguendo uma bandeira que anuncia aos clientes que a proteção de seus dados pessoais é uma prioridade inabalável.

Num cenário de negócios caracterizado por uma concorrência feroz, a conformidade com a LGPD pode servir como um trunfo que não somente atrai novos clientes, mas também mantém os atuais. Ela é um carimbo de confiança que assegura aos clientes que seus interesses estão protegidos e que estão confiando em advogados que são ardorosamente dedicados à ética, à privacidade e à segurança de dados.

Adicionalmente, a observância da LGPD é mais do que uma mera estratégia de marketing; é uma demonstração tangível do compromisso de um escritório jurídico com valores éticos e legais sólidos. Isso reforça a imagem de um escritório como um defensor respeitável dos direitos e da justiça, não apenas perante seus clientes, mas também perante a comunidade em geral.

Em última análise, a LGPD não é apenas um conjunto de regras a ser seguido, mas uma oportunidade para os escritórios jurídicos demonstrarem que estão à altura dos desafios da era digital, respeitando os princípios éticos e legais fundamentais.

Ela possibilita que os escritórios jurídicos se ergam como defensores da privacidade, da ética e da justiça, ao mesmo tempo que prosperam em um ambiente empresarial altamente competitivo.

A LGPD é uma regulamentação que transcende o aspecto legal. Ela alcança o âmago da ética profissional, a confiança do cliente e a integridade da prática jurídica. Advogados e escritórios jurídicos que adotam a LGPD não se limitam a cumprir regulamentações; eles se tornam defensores de valores fundamentais em nossa sociedade.

A LGPD não deve ser encarada como uma mera imposição, mas sim como uma oportunidade para se destacar como guardiões da justiça, da ética e da privacidade. A proteção de dados pessoais é uma responsabilidade que todos nós compartilhamos como membros da comunidade jurídica, e a LGPD se configura como nossa aliada na busca contínua da justiça e da integridade.

Em um mundo cada vez mais digital e interconectado, a conformidade com a LGPD já não é uma escolha, mas uma necessidade imperativa. Ela representa um compromisso com a privacidade e a ética que está moldando o futuro da prática jurídica e fortalecendo a confiança depositada por nossos clientes. Portanto, é crucial que os advogados e escritórios jurídicos adotem a LGPD como parte intrínseca de sua abordagem.

Entretanto, não basta apenas a adesão à regulamentação; é necessário ir além. Advogados podem se destacar ao tornar a LGPD parte integrante de sua cultura organizacional, incorporando-a em sua missão e visão. Isso demonstra um comprometimento profundo com a proteção de dados e com a defesa da privacidade, reforçando a confiança tanto de seus clientes atuais como potenciais.

A LGPD não somente demanda a conformidade, mas também promove uma abordagem proativa para a segurança de dados pessoais. Os advogados podem aproveitar a oportunidade para se tornarem líderes na orientação de seus clientes sobre as melhores práticas na gestão de informações pessoais. Isso inclui educar os clientes sobre seus direitos, fornece diretrizes para a coleta e uso responsável de dados e auxiliar na implementação de políticas de privacidade sólidas.

Como defensores da justiça, os advogados têm a responsabilidade de não somente respeitar a lei, mas também de moldar as normas éticas da sociedade. A LGPD é uma ferramenta poderosa para a promoção da justiça, da integridade e da proteção da privacidade na era digital. Os advogados e escritórios jurídicos que a adotam não apenas estão cumprindo sua obrigação legal, mas também estão liderando o caminho na construção de um futuro mais justo e ético. É uma oportunidade que não pode ser desperdiçada e um legado que ressoará através das gerações, demonstrando o compromisso duradouro com a justiça, a integridade e a proteção de dados pessoais.

CAPÍTULO 2

2. Desvendando o Intricado Universo do Tratamento de Dados Pessoais na Advocacia

A prática da advocacia é uma atividade intricada e multifacetada que envolve lidar com informações confidenciais, processos complexos e, acima de tudo, a confiança inabalável dos clientes. No entanto, à medida que o mundo se torna cada vez mais digital e interconectado, surge um novo desafio que não pode ser ignorado: o tratamento de dados pessoais. Neste artigo, adentraremos no fascinante universo do tratamento de dados pessoais na advocacia, desvendando os segredos e desafios que esse campo específico apresenta.

A capacidade de coletar, armazenar e utilizar informações pessoais é uma das pedras angulares da prática jurídica. Advogados precisam acessar documentos, registros médicos, informações financeiras e uma infinidade de dados confidenciais para representar eficazmente seus clientes. No entanto, esse acesso a informações sensíveis traz consigo uma grande responsabilidade, especialmente à luz da Lei Geral de Proteção de Dados (LGPD) no Brasil.

A LGPD estabelece diretrizes rigorosas para a coleta e tratamento de dados pessoais, e é crucial que os advogados compreendam plenamente como essas regulamentações se aplicam ao seu trabalho diário. Isso não é apenas uma questão de conformidade legal, mas também de ética profissional e confiança do cliente. Os advogados devem ser mestres na arte de equilibrar a necessidade de acesso a informações com o dever de proteger a privacidade de seus clientes.

O tratamento de dados pessoais na advocacia envolve uma série de etapas complexas e interconectadas, desde a coleta até o descarte adequado das informações. Cada passo desse processo requer atenção meticulosa e consideração cuidadosa. Vamos explorar algumas dessas etapas e os desafios específicos que elas apresentam.

2.1.   Coleta e Uso de Informações nos escritórios Jurídicos

A coleta de informações pessoais é frequentemente o primeiro passo na prática da advocacia. Advogados precisam reunir uma variedade de dados, incluindo registros de antecedentes, históricos médicos, registros financeiros e comunicações pessoais. No entanto, a LGPD exige que essa coleta seja realizada de forma transparente e com o devido consentimento do titular dos dados.

O desafio aqui reside em garantir que os clientes entendam completamente como suas informações serão usadas e que consintam de forma informada. Isso envolve explicar de maneira clara e acessível como os dados serão tratados e quais direitos o titular dos dados possui. Além disso, é fundamental manter essas informações atualizadas e fornecer mecanismos para que os clientes possam exercer seus direitos, como o acesso e a retificação de dados.

Além do desafio de coletar dados pessoais de forma transparente e obtendo o devido consentimento, os advogados também devem enfrentar a crescente complexidade dos tipos de informações que precisam acessar. Com o avanço da tecnologia e a digitalização de documentos, muitos dados pessoais estão armazenados eletronicamente, o que pode aumentar a exposição a riscos de segurança cibernética.

É imperativo que os advogados estejam atualizados e preparados para lidar com questões de segurança de dados, adotando medidas rigorosas para proteger as informações confidenciais de seus clientes.

Além disso, o tratamento de dados pessoais na advocacia envolve a consideração de casos específicos em que o consentimento e a coleta de informações podem ser mais complexos. Por exemplo, em situações de representação de menores de idade ou de pessoas com incapacidade legal, a obtenção de consentimento e a gestão de informações pessoais podem ser especialmente sensíveis. Os advogados devem estar atentos às nuances dessas circunstâncias e garantir que cumpram rigorosamente as regulamentações da LGPD, ao mesmo tempo em que protegem os interesses e a privacidade de seus clientes mais vulneráveis.

Por fim, a coleta de informações pessoais é apenas o primeiro passo em um processo mais amplo de tratamento de dados na advocacia. A LGPD exige que os dados sejam utilizados apenas para as finalidades consentidas e retidos pelo tempo estritamente necessário. Isso significa que os advogados precisam implementar políticas de retenção de informações sólidas e procedimentos para garantir que os dados não sejam usados de forma inadequada ou retidos além do necessário. O desafio aqui é estabelecer processos internos eficazes que garantam a conformidade com esses requisitos legais, sem comprometer a eficácia da representação legal de seus clientes

2.3.Consentimento e Finalidades do Tratamento de Dados

O consentimento é um elemento central no tratamento de dados pessoais na advocacia. Os advogados devem obter o consentimento explícito de seus clientes antes de coletar e usar suas informações pessoais. Esse consentimento deve ser específico e informado, ou seja, os clientes precisam compreender para que suas informações serão utilizadas.

O desafio aqui é garantir que os clientes estejam plenamente cientes de como seus dados serão tratados e que possam retirar o consentimento a qualquer momento. Os advogados também devem ser transparentes sobre as finalidades do tratamento de dados, explicando se os dados serão usados em processos legais, para comunicações específicas ou para outros fins legítimos.

No âmbito da advocacia, a obtenção e gestão do consentimento dos clientes é uma tarefa complexa e multifacetada. Além de assegurar que o consentimento seja obtido de maneira explícita e informada, os advogados também enfrentam o desafio de manter registros detalhados desse consentimento. A LGPD requer que sejam mantidos registros das atividades de tratamento de dados, incluindo o consentimento concedido pelos titulares. Isso exige um sistema robusto de documentação que permita aos advogados comprovar a conformidade com as regulamentações em caso de auditorias ou investigações.

Outro desafio decorrente da obtenção de consentimento é a gestão eficaz das preferências dos clientes ao longo do tempo. Os clientes podem optar por retirar o consentimento a qualquer momento, o que coloca uma pressão adicional sobre os advogados para garantir que as preferências sejam respeitadas e implementadas de maneira oportuna. Além disso, os advogados devem estar preparados para informar os clientes sobre as possíveis implicações da retirada de consentimento, principalmente no contexto de processos legais em andamento.

Por último, mas não menos importante, o desafio de manter um registro claro e preciso de consentimento envolve a comunicação contínua e transparente com os clientes. Advogados devem estar prontos para explicar como os dados pessoais serão tratados ao longo de seu relacionamento com o cliente e garantir que qualquer mudança nas práticas de tratamento de dados seja devidamente comunicada e que um novo consentimento seja obtido, se necessário. Esse processo de comunicação contínua e a manutenção de registros são essenciais para garantir a conformidade com a LGPD e, ao mesmo tempo, construir e manter a confiança dos clientes.

2.4. Ética, Responsabilidade e a LGPD

A conformidade com a LGPD na advocacia vai além de simplesmente cumprir uma regulamentação legal. Ela envolve uma profunda reflexão ética e uma responsabilidade intrínseca. Advogados são defensores dos direitos e da justiça, e a proteção da privacidade de seus clientes é um aspecto crítico dessa defesa.

O desafio ético é manter um equilíbrio delicado entre a necessidade de acessar informações pessoais para representar os clientes de forma eficaz e o dever de proteger essas informações. Os advogados devem adotar medidas rigorosas para garantir que os dados pessoais estejam seguros, que sejam usados apenas para as finalidades consentidas e que sejam retidos apenas pelo tempo necessário.

Para além da complexidade ética do tratamento de dados pessoais na advocacia, surge um desafio adicional: a responsabilidade pela educação dos clientes. Advogados não apenas precisam entender plenamente as implicações da LGPD, mas também devem servir como guias e educadores de seus clientes. Isso envolve explicar o impacto da regulamentação na prática jurídica, fornecer informações claras sobre os direitos dos clientes em relação aos dados pessoais e auxiliar na implementação de políticas internas que estejam em conformidade com a LGPD. Assumir esse papel educativo é fundamental para estabelecer uma relação de confiança sólida e duradoura com os clientes.

Além disso, os advogados enfrentam o desafio de equilibrar as demandas da LGPD com as necessidades práticas de sua profissão. Isso pode envolver a implementação de medidas de segurança de dados, como criptografia e autenticação de dois fatores, que podem ser incômodas, mas são essenciais para proteger informações confidenciais. Também significa a criação de políticas de retenção de dados que garantam que as informações pessoais sejam retidas pelo tempo necessário e descartadas de maneira segura quando não forem mais relevantes. O equilíbrio entre a conformidade com a LGPD e a eficiência operacional é um desafio que requer uma abordagem cuidadosa.

Por fim, a conformidade com a LGPD é um processo contínuo que exige uma cultura de melhoria contínua na prática jurídica. Os advogados devem estar dispostos a revisar regularmente suas políticas e procedimentos em relação ao tratamento de dados pessoais, bem como a se manter atualizados sobre as mudanças na regulamentação. Isso não apenas é necessário para cumprir as obrigações legais, mas também para demonstrar um compromisso contínuo com a ética e a proteção da privacidade.

Em conclusão, o tratamento de dados pessoais na advocacia é um desafio multifacetado que vai além do cumprimento de regulamentações legais. Envolve uma profunda reflexão ética, a responsabilidade de educar os clientes e o equilíbrio entre a conformidade com a LGPD e as necessidades práticas da profissão. Os advogados que enfrentam esses desafios com diligência não apenas demonstram seu compromisso com a ética e a privacidade, mas também constroem relações mais sólidas com seus clientes e fortalecem a integridade da prática jurídica como um todo.

O tratamento de dados pessoais na advocacia é um campo complexo e multifacetado que exige a máxima atenção aos detalhes. A LGPD estabelece diretrizes rigorosas para a coleta, uso e proteção de informações pessoais, e os advogados devem estar plenamente preparados para cumprir essas regulamentações.

Mais do que uma obrigação legal, a conformidade com a LGPD na advocacia é um compromisso com a ética profissional, a confiança do cliente e a integridade da prática jurídica. Advogados devem se esforçar para equilibrar a necessidade de acessar informações com a responsabilidade de proteger a privacidade de seus clientes.

Em um mundo cada vez mais digital e regulamentado, dominar o tratamento de dados pessoais é essencial para o sucesso e a ética na prática jurídica. É um desafio que exige constante vigilância, atualização e respeito pelos direitos dos clientes. A proteção de dados pessoais é, afinal, um elemento-chave na construção de uma relação de confiança sólida entre advogados e seus clientes, essencial para a defesa eficaz dos interesses destes.

CAPÍTULO 3

3.1. Desvendando os Direito dos titulares de dados sob a LGPD na Advocacia: Empoderando a Privacidade

A privacidade é um dos valores mais fundamentais da sociedade moderna, e a proteção dos dados pessoais tornou-se um dos principais pilares dessa privacidade. A Lei Geral de Proteção de Dados (LGPD) do Brasil estabelece um marco legal para a salvaguarda desses dados, conferindo aos titulares uma série de direitos e prerrogativas que devem ser respeitados de forma rigorosa. A compreensão e o cumprimento destes direitos não são apenas uma obrigação legal para escritórios jurídicos e advogados, mas também uma demonstração do compromisso com a ética, a confiança do cliente e a proteção da privacidade. Neste artigo, desvendaremos os direitos dos titulares de dados sob a LGPD, destacando sua importância e implicações para a prática jurídica.

3.2. Direito ao Acesso e a Retificação de Dados Pessoais

Um dos pilares essenciais da LGPD é o direito dos titulares de dados de acessar as informações pessoais que foram coletadas e tratadas por terceiros, incluindo escritórios jurídicos. Esse direito permite aos indivíduos saber quais informações estão sendo mantidas sobre eles e como estão sendo utilizadas. Isso não é apenas uma questão de transparência; é uma garantia fundamental de que as informações pessoais estão sendo tratadas de maneira justa e legal.

No entanto, o direito de acesso não se limita apenas a ver os dados. Ele também inclui o direito de retificar informações imprecisas ou desatualizadas. Para escritórios jurídicos, isso significa que, se um cliente identificar imprecisões em seus dados pessoais que estão em posse do escritório, é obrigação corrigi-las de forma rápida e eficaz. O desafio aqui é garantir que os registros de dados sejam mantidos de maneira precisa e que exista um processo ágil para lidar com solicitações de retificação.

Além do direito de acesso e retificação, a LGPD enfatiza a importância de disponibilizar informações de maneira acessível e compreensível aos titulares de dados. Isso significa que escritórios jurídicos devem adotar práticas de comunicação claras e diretas para explicar como os dados pessoais são coletados e usados. A transparência é a chave para garantir que os clientes compreendam plenamente os processos envolvidos.

Nesse contexto, a linguagem legal muitas vezes densa e repleta de jargões pode ser um desafio. Os escritórios jurídicos devem traduzir informações técnicas em linguagem simples e acessível para seus clientes, de modo a tornar as políticas de privacidade e os termos de consentimento compreensíveis. Isso não apenas atende aos requisitos da LGPD, mas também fortalece a confiança do cliente ao demonstrar o compromisso com a transparência.

Além disso, a LGPD estabelece prazos específicos para atender a solicitações de acesso e retificação. Os escritórios jurídicos enfrentam o desafio de garantir que possuam processos internos eficientes para cumprir esses prazos. Isso requer uma combinação de recursos humanos, tecnológicos e procedimentais para atender às demandas dos clientes de forma eficaz e dentro dos limites estabelecidos pela lei.

A proteção dos direitos de acesso e retificação dos titulares de dados não é apenas uma questão de cumprir regulamentações, mas também de cultivar relacionamentos sólidos com os clientes. Os escritórios jurídicos que tratam os direitos dos titulares de dados com respeito e eficácia não apenas demonstram sua dedicação à ética e à privacidade, mas também constroem uma reputação de confiabilidade e compromisso com a proteção dos dados pessoais de seus clientes. Essa confiança é inestimável e contribui para o sucesso contínuo da prática jurídica.

3.3.   A Eliminação e Anonimização de Informações

Além do direito de acesso e retificação, a LGPD também concede aos titulares de dados o direito de solicitar a eliminação ou anonimização de suas informações pessoais. Isso é particularmente relevante para escritórios jurídicos, pois eles frequentemente tratam de informações confidenciais e sensíveis. Se um cliente decidir que não deseja mais que suas informações sejam mantidas pelo escritório, a LGPD exige que esses dados sejam excluídos ou tornados anônimos.

Este direito levanta um desafio único para escritórios jurídicos, uma vez que eles podem estar sujeitos a obrigações legais de retenção de registros. Nesse cenário, é crucial equilibrar a conformidade com a LGPD com a obrigação de cumprir a legislação específica da área do direito em questão. É necessário estabelecer políticas e procedimentos internos para lidar com solicitações de eliminação de dados e garantir que sejam tratadas de acordo com as regulamentações.

Além do direito de acesso e retificação, a LGPD enfatiza a importância de disponibilizar informações de maneira acessível e compreensível aos titulares de dados. Isso significa que escritórios jurídicos devem adotar práticas de comunicação claras e diretas para explicar como os dados pessoais são coletados e usados. A transparência é a chave para garantir que os clientes compreendam plenamente os processos envolvidos.

Nesse contexto, a linguagem legal muitas vezes densa e repleta de jargões pode ser um desafio. Os escritórios jurídicos devem traduzir informações técnicas em linguagem simples e acessível para seus clientes, de modo a tornar as políticas de privacidade e os termos de consentimento compreensíveis. Isso não apenas atende aos requisitos da LGPD, mas também fortalece a confiança do cliente ao demonstrar o compromisso com a transparência.

Além disso, a LGPD estabelece prazos específicos para atender a solicitações de acesso e retificação. Os escritórios jurídicos enfrentam o desafio de garantir que possuam processos internos eficientes para cumprir esses prazos. Isso requer uma combinação de recursos humanos, tecnológicos e procedimentais para atender às demandas dos clientes de forma eficaz e dentro dos limites estabelecidos pela lei.

A proteção dos direitos de acesso e retificação dos titulares de dados não é apenas uma questão de cumprir regulamentações, mas também de cultivar relacionamentos sólidos com os clientes. Os escritórios jurídicos que tratam os direitos dos titulares de dados com respeito e eficácia não apenas demonstram sua dedicação à ética e à privacidade, mas também constroem uma reputação de confiabilidade e compromisso com a proteção dos dados pessoais de seus clientes. Essa confiança é inestimável e contribui para o sucesso contínuo da prática jurídica.

3.4.   Procedimentos para Atendimento das Solicitações dos Titulares

A LGPD não apenas concede direitos aos titulares de dados, mas também estabelece requisitos para a forma como as solicitações desses titulares devem ser tratadas. Os escritórios jurídicos e advogados devem ter procedimentos claros e eficazes para lidar com essas solicitações e garantir que sejam tratadas de forma oportuna e de acordo com a lei.

Para garantir o cumprimento, os escritórios jurídicos devem nomear um Encarregado de Proteção de Dados (DPO) responsável por supervisionar e facilitar o atendimento das solicitações dos titulares. O DPO desempenha um papel crucial na garantia de que o escritório cumpra as regulamentações da LGPD, além de atuar como ponto de contato para questões relacionadas à proteção de dados.

Além disso, os escritórios jurídicos devem manter registros detalhados das solicitações recebidas e das medidas tomadas em resposta a essas solicitações. Isso é fundamental para comprovar a conformidade com a LGPD em caso de auditorias ou investigações.

O desafio da LGPD não se limita apenas a ter um Encarregado de Proteção de Dados (DPO) e manter registros detalhados, mas também a criar uma cultura organizacional de conscientização sobre a importância do cumprimento das regulamentações de proteção de dados. Os escritórios jurídicos devem investir em treinamento e sensibilização de sua equipe para garantir que todos os membros compreendam a relevância da LGPD e saibam como lidar com solicitações de titulares de dados. Isso inclui orientar os funcionários sobre como reconhecer e encaminhar as solicitações de forma adequada e dentro dos prazos exigidos.

Além disso, é essencial ter procedimentos em vigor para verificar a autenticidade das solicitações dos titulares de dados. A LGPD exige que as solicitações sejam feitas pelo próprio titular ou por um representante legal devidamente autorizado.

Os escritórios jurídicos devem ter mecanismos de verificação robustos para garantir que estão respondendo apenas a solicitações legítimas, evitando possíveis abusos ou violações de privacidade.

Outro desafio significativo é garantir que os procedimentos de atendimento às solicitações dos titulares sejam ágeis e eficazes. Os prazos estipulados pela LGPD são rigorosos, e a demora na resposta às solicitações pode resultar em penalidades. Portanto, os escritórios jurídicos devem ter sistemas de gestão de solicitações eficientes e um plano de ação claro para lidar com essas demandas de forma oportuna.

Por fim, a comunicação transparente com os titulares de dados desempenha um papel vital. Os escritórios jurídicos devem estar prontos para explicar os procedimentos e o tempo necessário para atender às solicitações dos titulares de forma a manter uma relação de confiança. Isso inclui fornecer atualizações regulares sobre o andamento das solicitações e explicar os motivos de eventuais atrasos.

Em resumo, a LGPD não apenas concede direitos aos titulares de dados, mas também estabelece requisitos claros para os procedimentos de atendimento a essas solicitações. Os escritórios jurídicos enfrentam o desafio de criar uma cultura de conformidade com a LGPD, treinar sua equipe, garantir a autenticidade das solicitações, manter procedimentos eficazes, cumprir prazos rigorosos e comunicar de forma transparente com os titulares de dados. Ao superar esses desafios, não apenas cumprem as regulamentações, mas também reforçam sua reputação de confiabilidade e compromisso com a proteção dos dados pessoais de seus clientes.

3.5.   A Responsabilidade Inerente

O desafio ético que surge é manter um equilíbrio delicado entre a necessidade de acessar informações pessoais para representar os clientes de forma eficaz e o dever de proteger essas informações. Isso envolve a criação de políticas e procedimentos internos que garantam que os dados pessoais estejam seguros, que sejam usados apenas para as finalidades consentidas e que sejam retidos apenas pelo tempo necessário.

Em resumo, os direitos dos titulares de dados sob a LGPD são uma parte fundamental da paisagem legal atual, e escritórios jurídicos e advogados devem abraçar esses direitos como uma oportunidade para demonstrar seu compromisso com a ética, a confiança do cliente e a proteção da privacidade. A compreensão e o cumprimento desses direitos não são apenas uma obrigação legal, mas também uma demonstração do papel vital que desempenham na defesa da justiça e da integridade. A proteção dos dados pessoais não é apenas uma questão legal; é uma manifestação clara do compromisso com os princípios éticos e a confiança dos clientes. À medida que a sociedade avança na era digital, a LGPD se torna um guia essencial para a prática jurídica responsável.

A LGPD desafia escritórios jurídicos a redefinirem suas abordagens em relação à privacidade e à proteção de dados. Os advogados têm a tarefa de garantir que os direitos dos titulares de dados sejam respeitados, enquanto continuam a representar eficazmente seus clientes. Isso não é uma tarefa fácil, mas representa um ponto de inflexão na forma como a advocacia é conduzida na era digital.

A conformidade com a LGPD não é apenas uma escolha, mas uma necessidade para escritórios jurídicos que buscam manter sua relevância e integridade no cenário jurídico contemporâneo. Aqueles que abraçam essa regulamentação não apenas cumprem a lei, mas também protegem seus clientes, fortalecem a confiança e preservam a integridade da profissão jurídica.

Portanto, a LGPD deve ser vista como uma oportunidade para os advogados e escritórios jurídicos liderarem pelo exemplo, demonstrando que a proteção da privacidade e a conformidade com as regulamentações são princípios inegociáveis em sua abordagem profissional. É um convite para se destacar como defensores da justiça, da ética e da privacidade na era digital, moldando o futuro da prática jurídica de maneira responsável e comprometida.

CAPÍTULO 4

4.1. Segurança da Informação e Proteção de Dados nos Escritórios Jurídicos

No contexto atual, imersos na era digital, a segurança da informação e a proteção de dados não apenas se destacam, mas representam pilares incontestáveis para a operação de todo e qualquer escritório jurídico. Com a promulgação da Lei Geral de Proteção de Dados (LGPD), testemunhamos o estabelecimento de um paradigma inovador na gestão de informações. Nesse cenário, advogados e suas equipes não podem prescindir da atenção diligente às práticas que não apenas asseguram a conformidade legal, mas também garantem, de maneira intrínseca, a confidencialidade e integridade dos dados pessoais sob sua custódia e responsabilidade.

No contexto atual, imersos na era digital, a segurança da informação e a proteção de dados não apenas se destacam, mas representam pilares incontestáveis para a operação de todo e qualquer escritório jurídico. Com a promulgação da Lei Geral de Proteção de Dados (LGPD), testemunhamos o estabelecimento de um paradigma inovador na gestão de informações. Nesse cenário, advogados e suas equipes não podem prescindir da atenção diligente às práticas que não apenas asseguram a conformidade legal, mas também garantem, de maneira intrínseca, a confidencialidade e integridade dos dados pessoais sob sua custódia e responsabilidade.

O cumprimento dos requisitos impostos pela LGPD não deve ser encarado meramente como uma obrigação legal; trata-se de uma oportunidade para a redefinição das práticas operacionais e a construção de uma cultura organizacional fundamentada na responsabilidade. A legislação não só delineia as fronteiras éticas para o tratamento de dados, mas também oferece um terreno fértil para a inovação na gestão informacional.

Nesse contexto, os escritórios jurídicos podem transformar desafios regulatórios em vantagens competitivas, adotando soluções tecnológicas avançadas e práticas eficazes de governança de dados.

4.2.   Estratégias Sob o Prisma da LGPD: Uma Jornada de Responsabilidade e Inovação

No contexto atual, imersos na era digital, a segurança da informação e a proteção de dados não apenas se destacam, mas representam pilares incontestáveis para a operação de todo e qualquer escritório jurídico. Com a promulgação da Lei Geral de Proteção de Dados (LGPD), testemunhamos o estabelecimento de um paradigma inovador na gestão de informações. Nesse cenário, advogados e suas equipes não podem prescindir da atenção diligente às práticas que não apenas asseguram a conformidade legal, mas também garantem, de maneira intrínseca, a confidencialidade e integridade dos dados pessoais sob sua custódia e responsabilidade.

O cumprimento dos requisitos impostos pela LGPD não deve ser encarado meramente como uma obrigação legal; trata-se de uma oportunidade para a redefinição das práticas operacionais e a construção de uma cultura organizacional fundamentada na responsabilidade. A legislação não só delineia as fronteiras éticas para o tratamento de dados, mas também oferece um terreno fértil para a inovação na gestão informacional. Nesse contexto, os escritórios jurídicos podem transformar desafios regulatórios em vantagens competitivas, adotando soluções tecnológicas avançadas e práticas eficazes de governança de dados.

Em um mundo interconectado, a cibersegurança emerge como uma preocupação primordial. Os escritórios jurídicos, ao manusearem uma miríade de dados sensíveis, enfrentam ameaças constantes, desde ataques cibernéticos até tentativas de violação da privacidade. *Ransomware[1]s*, *Phishing[2]* e outras formas de ataques maliciosos tornaram-se mais sofisticados, exigindo, portanto, estratégias defensivas igualmente avançadas. Investir em tecnologias de detecção precoce, como inteligência artificial e aprendizado de máquina, é essencial para prevenir e mitigar os impactos dessas ameaças, assegurando a continuidade das operações e a integridade dos dados.

Além das tecnologias e práticas operacionais, a construção de uma cultura organizacional sólida em torno da segurança da informação é crucial. Os escritórios jurídicos devem promover a conscientização contínua entre seus colaboradores, incentivando a adoção de práticas seguras no manuseio diário dos dados.

Uma cultura de segurança não apenas reforça a proteção contra ameaças internas e externas, mas também cria uma atmosfera de confiança entre clientes e colaboradores, solidificando a reputação do escritório como um bastião confiável na proteção de dados na era digital.

Ao buscar a conformidade com a LGPD, os escritórios jurídicos têm a oportunidade única de ir além do mero atendimento às normativas legais. A legislação não apenas estabelece limites éticos, mas também sinaliza uma rota para a inovação na gestão informacional. Adotar soluções tecnológicas avançadas, como sistemas de inteligência artificial para análise de dados, não apenas fortalece a segurança, mas também posiciona o escritório na vanguarda da inovação, conferindo-lhe uma vantagem competitiva duradoura. Paralelamente, a implementação de práticas eficazes de governança de dados não só garante a conformidade contínua, mas também reforça a confiabilidade do escritório como um guardião responsável dos dados confiados a ele.

---

[1] Ransomware é uma forma de Malware que criptografa os arquivos de um sistema, tornando-os inacessíveis ao usuário, geralmente exigindo o pagamento de um resgate em moeda digital para restaurar o acesso

[2] Phishing é uma prática maliciosa realizada por cibercriminosos com o intuito de obter informações sensíveis, como senhas, números de cartão de crédito e dados pessoais.

Ao integrar inovação e governança, os escritórios não apenas atendem às exigências legais, mas moldam seu futuro com base em uma fundação sólida de responsabilidade e excelência.

Além das tecnologias e práticas operacionais, a construção de uma cultura organizacional sólida em torno da segurança da informação é crucial. Os escritórios jurídicos devem promover a conscientização contínua entre seus colaboradores, incentivando a adoção de práticas seguras no manuseio diário dos dados. Uma cultura de segurança não apenas reforça a proteção contra ameaças internas e externas, mas também cria uma atmosfera de confiança entre clientes e colaboradores, solidificando a reputação do escritório como um bastião confiável na proteção de dados na era digital.

4.3.   A Vanguarda da Digitalização: Desafios e Oportunidades

O advento da era digital trouxe consigo não apenas avanços notáveis, mas também desafios intrincados. A rapidez com que a informação é gerada e compartilhada coloca os escritórios jurídicos no epicentro de uma tempestade digital, onde a segurança se torna tanto uma necessidade quanto um diferencial competitivo.

O surgimento da era digital marcou uma transformação significativa, apresentando não somente avanços notáveis, mas também desafios complexos que permeiam todos os setores da sociedade. A proliferação exponencial da informação, alimentada pela interconexão global, impôs uma nova dinâmica aos escritórios jurídicos. Nesse cenário, onde a velocidade de geração e compartilhamento de dados atinge níveis sem precedentes, os escritórios encontram-se no epicentro de uma tempestade digital. A segurança da informação, assim, não é apenas uma necessidade, mas também um diferencial competitivo crucial para a sustentabilidade e reputação dessas instituições em um ambiente cada vez mais digitalizado.

Além do volume massivo de dados, os escritórios jurídicos enfrentam o desafio adicional de lidar com a crescente sofisticação das ameaças cibernéticas. A evolução constante de ataques, como *Ransomware* e *Phishing*, demanda uma postura proativa na implementação de medidas robustas de segurança. O risco de exposição e comprometimento de dados sensíveis torna-se uma realidade latente, exigindo que os escritórios adotem estratégias defensivas que estejam em sintonia com o dinamismo do cenário digital.

Em resposta a esses desafios, os escritórios jurídicos têm a oportunidade única de se destacar não apenas por meio da eficácia em suas práticas legais, mas também pela excelência em segurança da informação. Aqueles que investem em tecnologias inovadoras, como inteligência artificial para detecção de ameaças, e promovem uma cultura organizacional voltada para a cibersegurança, estarão na vanguarda da advocacia moderna. Ao integrar medidas proativas de segurança da informação, os escritórios não apenas mitigam riscos, mas também demonstram um compromisso sólido com a confidencialidade e integridade dos dados, conquistando a confiança dos clientes e solidificando sua reputação como líderes na defesa dos interesses digitais.

4.4.   Protegendo o Bastião Jurídico: Medidas de Segurança para Salvaguarda dos Dados em Escritórios Jurídicos

No tecido intricado do universo jurídico, onde leis moldam sociedades e justiça é a bússola moral, ergue-se o bastião jurídico como um farol de equidade. Este reduto é mais do que uma simples congregação de advogados e escritórios; é o guardião das verdades, um refúgio onde os princípios fundamentais são defendidos. Entretanto, assim como fortalezas físicas necessitam de muralhas intransponíveis para proteger seus segredos, o bastião jurídico, agora digitalizado, requer uma defesa robusta contra ameaças virtuais.

A transição do papel para o digital, embora tenha tornado a informação mais acessível, também expôs o bastião jurídico a um novo campo de batalha: o ciberespaço. Neste ambiente digital, as informações são tão valiosas quanto são vulneráveis, e a confidencialidade dos dados tornou-se uma pedra angular da integridade jurídica. Nesse contexto, proteger o bastião jurídico não é apenas uma escolha, mas uma responsabilidade ética e profissional que recai sobre advogados e escritórios jurídicos.

As transformações tecnológicas trouxeram consigo não apenas eficiência, mas também desafios significativos. Advogados, antes acostumados a lidar com pilhas de documentos físicos, agora enfrentam ameaças digitais sofisticadas que podem comprometer a confidencialidade e a integridade das informações. O advento da era digital, portanto, exige uma revisão abrangente das práticas de segurança para garantir que o bastião jurídico permaneça impenetrável, mantendo a confiança do público e alicerçando os fundamentos da justiça.

4.5.   Ameaças Digitais: Uma Realidade que Atinge Todos

O ciberespaço é o campo de batalha contemporâneo, onde a guerra não é travada com armas tradicionais, mas com bits e bytes. Advogados e escritórios jurídicos, frequentemente centrados em papel e caneta, agora são alvos de ataques digitais mais sofisticados do que nunca. Hackers, *Ransomware* e vazamentos de dados tornaram-se ameaças constantes, exigindo uma postura proativa na proteção de informações.

O cenário cibernético, caracterizado por uma constante evolução tecnológica, transformou-se no campo de batalha contemporâneo, onde a guerra é conduzida por meio de bits e bytes. Esta mudança paradigmática não deixou intocado o domínio jurídico, que tradicionalmente viu-se mais preocupado com o manejo de processos em papel do que com firewalls e códigos de segurança digital.

Advogados e escritórios jurídicos, muitas vezes imersos na tradição da caneta e papel, agora estão na linha de frente contra ameaças digitais mais sofisticadas do que jamais imaginaram. Os hackers, antes considerados figuras obscuras e distantes, agora são uma ameaça tangível, capazes de infiltrar-se nos sistemas mais protegidos e comprometer informações sensíveis. O *Ransomware*, um tipo de *Malware* que criptografa dados e exige pagamento para a sua liberação, tornou-se uma arma preferida dos cibercriminosos, impactando não apenas a disponibilidade, mas também a confidencialidade dos dados.

Os vazamentos de dados, outrora eventos raros e isolados, hoje são ocorrências comuns que abalam a confiança pública e comprometem a reputação dos escritórios jurídicos. Informações confidenciais expostas podem não apenas prejudicar a imagem de um escritório, mas também levar a implicações legais significativas. Essa nova realidade digital exige uma mudança de paradigma: advogados não são apenas defensores no tribunal, mas também guardiões virtuais da informação.

O ambiente cibernético não conhece fronteiras ou limites, e, portanto, a proteção das informações não é apenas uma tarefa para o departamento de TI. Torna-se imperativo que advogados e membros da equipe jurídica compreendam as nuances das ameaças digitais, reconheçam os sinais de possíveis ataques e adotem uma mentalidade proativa em relação à segurança da informação. A conscientização sobre as implicações legais e éticas dessas ameaças é fundamental para fortalecer a primeira linha de defesa contra os perigos que rondam o bastião jurídico no ciberespaço. Este é um chamado não apenas à atualização tecnológica, mas também à conscientização constante e à vigilância contra um inimigo que opera nas sombras digitais.

4.6.   Consciência Digital: O Primeiro Escudo

Numa era em que a tecnologia avança a passos largos, a consciência digital emerge como o primeiro escudo contra as ameaças invisíveis que pairam sobre o bastião jurídico. Mais do que uma medida técnica, a conscientização digital é uma postura proativa que inicia na mente de cada advogado, transformando-se no alicerce de uma cultura de segurança digital.

Educar os profissionais do direito sobre as últimas tendências em cibersegurança é mais do que uma necessidade; é um imperativo. Compreender os contornos do phishing, uma técnica pela qual cibercriminosos tentam enganar indivíduos para obter informações confidenciais, torna-se uma habilidade vital. Ao reconhecer os sinais sutis dessas tentativas de fraude, advogados podem desempenhar um papel ativo na prevenção de potenciais violações de dados.

Os riscos associados a dispositivos não seguros não podem ser subestimados. Em um mundo onde smartphones e laptops são extensões do trabalho diário, garantir que esses dispositivos estejam protegidos contra ameaças é uma obrigação. A conscientização sobre os perigos de redes Wi-Fi públicas, dispositivos desatualizados e aplicativos não verificados é a linha de defesa que impede que a confidencialidade jurídica seja comprometida.

Valorizar a autenticação de dois fatores não é apenas uma medida de segurança, mas um hábito que adiciona uma camada extra de proteção. A autenticação de dois fatores requer não apenas a inserção de uma senha, mas também a verificação por meio de um segundo método, como um código enviado para um dispositivo móvel. Este processo adicional torna consideravelmente mais difícil para os invasores penetrarem nas defesas digitais, conferindo uma segurança adicional ao bastião jurídico.

A segurança não é apenas uma questão técnica; é uma mentalidade que permeia cada interação digital. Cultivar uma cultura de segurança começa com a consciência de que cada click, cada e-mail, e cada dispositivo utilizado é uma peça do quebra-cabeça digital. Os advogados não são apenas especialistas em leis; são guardiões da informação, e a consciência digital é a lente que lhes permite enxergar além da superfície, protegendo assim o coração do bastião jurídico.

4.7. Firewalls e Antivírus: Sentinelas Digitais

Como sentinelas digitais, *firewalls* e antivírus erguem-se como guardiões intransigentes nas portas de entrada e saída do vasto universo digital no qual os escritórios jurídicos estão imersos. Equipados com a missão de proteger a integridade dos dados, esses componentes não são meros escudos, mas sim barreiras fundamentais contra as ameaças que assombram os corredores virtuais do bastião jurídico.

A configuração cuidadosa de *firewalls* é o primeiro passo para fortificar as defesas digitais. Essas barreiras virtuais, situadas entre a rede interna e o vasto ciberespaço, atuam como guardiões dos portões, bloqueando qualquer tentativa de acesso não autorizado. Ao analisar o tráfego de entrada e saída, os firewalls impedem a entrada de invasores indesejados, agindo como os sentinelas que mantêm a ordem nas fronteiras digitais.

Manter os antivírus atualizados é uma prática essencial para garantir a eficácia contínua desses guardiões digitais. Assim como as leis evoluem para enfrentar novas formas de crime, os antivírus precisam ser constantemente atualizados para reconhecer e neutralizar as ameaças emergentes. Sua função vai além de identificar e remover vírus convencionais; eles são a última linha de defesa contra o *Malware* e *Ransomware*, duas armas digitais cada vez mais sofisticadas.

O *Malware*, um termo que abrange uma variedade de software malicioso, pode se infiltrar silenciosamente, muitas vezes sem ser detectado pelos usuários. Os antivírus, como detetives digitais, buscam e eliminam essas ameaças antes que possam comprometer a confidencialidade e integridade dos dados jurídicos. O *Ransomware,* por sua vez, representa uma ameaça direta à disponibilidade dos dados, criptografando informações e exigindo um resgate para sua liberação. Os antivírus, atuando como guardiões inflexíveis, desempenham um papel crucial em prevenir tais ataques, preservando a continuidade das operações jurídicas.

Neste jogo digital de xadrez, onde as ameaças estão sempre um passo à frente, firewalls e antivírus emergem como peças estratégicas, não apenas para manter a segurança, mas também para dar aos advogados e escritórios jurídicos a confiança de que estão protegidos contra os avanços constantes das forças adversárias no ciberespaço. A implementação eficaz dessas defesas digitais não apenas previne ataques, mas solidifica o bastião jurídico como uma fortaleza virtual inexpugnável.

4.8.   Backup Regular: Uma Segurança Digital

Na era digital, onde a incerteza é uma constante, a perda de dados não é uma mera possibilidade, mas uma ameaça iminente que paira sobre o bastião jurídico. Essa perda pode se originar de ataques cibernéticos perpetrados por agentes maliciosos, falhas imprevisíveis de hardware ou até mesmo simples erros humanos. Em resposta a essa realidade, implementar um sistema de backup regular e automatizado é equipar o bastião jurídico com uma rede de segurança digital robusta.

O backup regular é mais do que uma precaução; é um antídoto contra a paralisia operacional em caso de falha. Imagine-o como uma rede intricada e eficiente que é tecida nos bastidores do ambiente digital jurídico. Ao automatizar esse processo, os escritórios jurídicos garantem que, mesmo diante do inesperado, a continuidade operacional é mantida sem comprometer a integridade dos dados.

Em um cenário onde a informação é a espinha dorsal dos serviços jurídicos, a ausência momentânea de dados críticos pode representar um golpe devastador. O backup regular não apenas atua como uma medida reativa em resposta a eventos adversos, mas como uma estratégia proativa para assegurar que, em qualquer situação, a informação vital possa ser restaurada. Isso não apenas resguarda contra perdas irreparáveis, mas também reforça a confiança dos clientes no compromisso do escritório jurídico com a proteção diligente de seus interesses.

Além de salvaguardar contra perdas, o backup regular é uma ferramenta estratégica na preservação da reputação do bastião jurídico. Em um mundo onde a confiança do cliente é construída sobre a segurança e confidencialidade, a capacidade de recuperar dados de maneira eficiente após uma falha é um testemunho de responsabilidade e compromisso. Assim, a rede de segurança digital proporcionada por backups regulares não é apenas uma contingência técnica, mas uma garantia tangível de resiliência diante dos imprevistos, consolidando o bastião jurídico como uma entidade confiável e resiliente na era digital.

A implementação diligente de backups regulares não apenas responde à necessidade de proteger dados sensíveis, mas também permite que os escritórios jurídicos enfrentem desafios com uma postura proativa. O bastião jurídico, ao estabelecer essa rede de segurança digital, não apenas resguarda-se contra ameaças digitais, mas transcende para um estado de preparação contínua. O inesperado pode ser transformado de uma ameaça inevitável para uma adversidade gerenciável, assegurando que os serviços jurídicos fluam ininterruptamente, mesmo em meio a turbulências digitais. Em última análise, o backup regular não é apenas um protocolo de segurança, mas uma salvaguarda ativa da missão crítica do bastião jurídico na preservação da justiça e dos direitos.

4.9.   Políticas de Acesso Restrito: Controle de Fronteiras Digitais

Num mundo onde a informação é uma arma poderosa, o acesso indiscriminado a dados sensíveis é como deixar as portas da fortaleza jurídica abertas à invasão. A implementação de políticas de acesso restrito não é apenas uma precaução, mas uma necessidade imperativa. Garantir que apenas pessoal autorizado tenha acesso a informações específicas é a essência do controle de fronteiras digitais no bastião jurídico.

Estabelecer uma política de acesso restrito é mais do que designar quem pode ou não acessar determinados dados; é um compromisso com a segurança e confidencialidade. A utilização de autenticação de dois fatores adiciona uma camada extra de proteção, exigindo mais do que uma simples senha para acessar informações sensíveis. Isso não apenas dificulta o acesso não autorizado, mas também cria um rastro digital claro de quem, quando e de onde os dados foram acessados.

Monitorar as atividades de login é a vigilância constante nas fronteiras digitais do bastião jurídico. Cada login é uma entrada registrada, uma pista digital que permite rastrear não apenas as tentativas bem-sucedidas, mas também aquelas que podem levantar suspeitas. A capacidade de identificar padrões incomuns de acesso pode ser a diferença entre prevenir um ataque e lidar com as consequências de uma intrusão não autorizada.

O controle estrito sobre o acesso a dados não é apenas uma medida de segurança, mas também uma expressão tangível do compromisso de proteger os interesses dos clientes e manter a integridade do sistema jurídico. A confidencialidade é a moeda de confiança no bastião jurídico, e as políticas de acesso restrito são os guardiões dessa confiança, garantindo que apenas aqueles que têm o direito legítimo possam adentrar os corredores digitais onde informações sensíveis residem.

No cenário digital, onde a virtualidade muitas vezes obscurece as fronteiras tangíveis, as políticas de acesso restrito emergem como os sentinelas virtuais, protegendo não apenas dados, mas a confiança depositada no bastião jurídico.

Este controle, meticulosamente implementado, não é apenas uma medida técnica; é uma afirmação inequívoca do compromisso do bastião jurídico com a salvaguarda dos fundamentos éticos e legais que sustentam a justiça.

4.10. Treinamento Contínuo: Fortalecendo a Linha de Defesa Humana

Na interseção entre a tecnologia e a humanidade, a força e a fragilidade coexistem. Os seres humanos, inegavelmente a primeira linha de defesa contra ameaças digitais, são tanto os construtores quanto o elo mais frágil da segurança cibernética. Assumir essa dualidade impulsiona a necessidade urgente de investir em treinamento contínuo em segurança cibernética, uma estratégia essencial para fortalecer a linha de defesa humana no bastião jurídico.

O investimento em treinamento contínuo não é apenas uma medida reativa a ameaças iminentes; é uma declaração de comprometimento com a evolução constante em face de um cenário digital em mutação. Ao instruir os membros da equipe sobre práticas seguras, os escritórios jurídicos capacitam cada indivíduo a se tornar um agente ativo na defesa contra ameaças cibernéticas. Este treinamento não se limita à disseminação de conhecimentos técnicos, mas abrange a compreensão de como as ações individuais moldam a resiliência coletiva do bastião jurídico.

O treinamento não deve ser estático, mas dinâmico, acompanhando as últimas tendências em cibersegurança. A natureza mutável das ameaças digitais exige que os profissionais jurídicos estejam atualizados e adaptáveis. Informar sobre as últimas atualizações de segurança não apenas os capacita a reconhecer novas ameaças, mas também reforça a mentalidade proativa necessária para antecipar potenciais vulnerabilidades.

Um componente crucial do treinamento contínuo é a preparação para incidentes. Conduzir simulações realistas de violações de segurança, juntamente com orientações claras sobre ações a serem tomadas em caso de um incidente real, é uma estratégia eficaz para criar uma cultura de prontidão. Conhecimento teórico torna-se ação prática, capacitando os membros da equipe a responderem rapidamente e eficientemente quando confrontados com uma situação de emergência digital.

Além disso, o treinamento contínuo não é exclusivo para os especialistas em tecnologia. Todos os membros da equipe, desde advogados até assistentes administrativos, desempenham papéis críticos na defesa cibernética. Ao envolver todos os níveis hierárquicos, os escritórios jurídicos transformam sua força de trabalho em uma frente unida contra ameaças digitais, fortalecendo a linha de defesa humana.

Em última análise, treinamento contínuo é mais do que uma exigência técnica; é uma filosofia de resiliência e responsabilidade. Ao investir no desenvolvimento constante da compreensão e habilidades da equipe em segurança cibernética, o bastião jurídico não apenas se defende contra ameaças digitais, mas molda uma cultura de conscientização, responsabilidade compartilhada e prontidão, criando uma força coletiva impenetrável contra as complexidades do ciberespaço.

4.11. Auditorias de Segurança: Avaliando a Fortaleza Digital

Na trama complexa da cibersegurança, as auditorias são os faróis que iluminam as sombras onde as ameaças digitais se escondem. Semelhante a uma auditoria financeira, a auditoria de segurança é um exame minucioso, essencial para avaliar a robustez das defesas digitais no bastião jurídico. Essa prática não é apenas uma formalidade, mas um compromisso ativo em manter a fortaleza digital à prova de invasões.

Contratar especialistas externos para conduzir auditorias de segurança é uma estratégia proativa que reconhece a necessidade de olhos especializados na busca por vulnerabilidades. Estes especialistas não apenas trazem conhecimento técnico avançado, mas uma perspectiva externa e imparcial, essencial para identificar brechas que podem passar despercebidas por aqueles que operam diariamente nos corredores digitais do escritório jurídico. Sua função é a de caçadores incansáveis, rastreando possíveis pontos de entrada para ameaças digitais.

A avaliação contínua é a espinha dorsal da eficácia da auditoria de segurança. Em um cenário digital onde as ameaças evoluem constantemente, a capacidade de adaptação das defesas digitais é crucial. A auditoria não é um evento isolado, mas um processo contínuo que garante que as defesas evoluam em resposta às táticas em constante mutação dos invasores digitais. Esta abordagem preventiva é vital para manter a fortaleza digital sempre à frente do jogo, antecipando-se às ameaças em vez de apenas reagir a elas.

Os resultados de uma auditoria de segurança não devem ser vistos como críticas, mas como oportunidades de aprimoramento. Cada vulnerabilidade identificada é uma lição valiosa que contribui para o fortalecimento contínuo das defesas digitais.

As sugestões de melhorias propostas pelos especialistas externos são não apenas recomendações, mas um guia estratégico para enfrentar as ameaças emergentes, garantindo que o bastião jurídico esteja armado não apenas contra os desafios atuais, mas também para os futuros.

Ao submeter a fortaleza digital a auditorias regulares, os escritórios jurídicos não apenas demonstram um compromisso inflexível com a segurança, mas também estabelecem um precedente de transparência e responsabilidade. Esta prática proativa não apenas resguarda contra ameaças externas, mas também consolida a confiança dos clientes, mostrando que o bastião jurídico é uma entidade que valoriza a integridade, a inovação e a resiliência em face de um ciberespaço em constante transformação.

A condução de auditorias de segurança, portanto, não é apenas um protocolo, mas um compromisso dinâmico com a excelência e a adaptabilidade. O bastião jurídico, ao submeter-se regularmente a esse escrutínio especializado, não apenas demonstra sua disposição em enfrentar as complexidades do ciberespaço, mas também abraça a oportunidade de se fortalecer contra as ameaças desconhecidas.

Em um mundo digital onde a confiança é construída sobre a base da segurança e proteção, as auditorias de segurança destacam-se como o guardião diligente da integridade do bastião jurídico. Elas não são apenas um meio de identificar e corrigir vulnerabilidades, mas uma prática que eleva o padrão de segurança a patamares mais altos. Ao implementar as recomendações resultantes dessas auditorias, o escritório jurídico constrói uma cultura de melhoria contínua, capacitando-se para manter uma defesa digital impenetrável mesmo diante das ameaças mais sofisticadas.

Em última análise, a conclusão de uma auditoria de segurança não é o fim de um processo, mas o início de um novo ciclo de aprimoramento. Ao aprender com as lições reveladas nas auditorias, ao implementar melhorias sugeridas e ao manter uma vigilância constante sobre as fronteiras digitais, o bastião jurídico reafirma seu compromisso não apenas com a segurança cibernética, mas com a preservação incansável da confiança, da justiça e da excelência no universo jurídico digital.

4.12. A Responsabilidade Coletiva pela segurança dos Dados

Num cenário onde a informação se tornou a moeda mais valiosa, a segurança dos dados transcende o mero cumprimento de regulamentações; ela se estabelece como um imperativo ético e legal. Advogados e escritórios jurídicos, cientes da relevância crítica da proteção de dados, não podem mais permitir-se subestimar a importância dessa responsabilidade compartilhada. Ao implementar as medidas discutidas anteriormente, não estão apenas fortalecendo suas próprias defesas digitais, mas também assumindo uma responsabilidade coletiva fundamental na manutenção da confiança e integridade no sistema jurídico.

A segurança dos dados, longe de ser um luxo, é agora uma necessidade intrínseca na prestação de serviços jurídicos. A confidencialidade é o alicerce sobre o qual se erguem os pilares da confiança dos clientes, sendo este um ativo inestimável para qualquer advogado ou escritório jurídico.

Proteger informações confidenciais não é apenas um dever ético, mas uma garantia para os clientes de que seus interesses estão resguardados com a máxima diligência e respeito.

Ao investir na segurança dos dados, os advogados transformam-se em verdadeiros guardiões digitais. A informação, que muitas vezes é mais poderosa do que qualquer argumento no tribunal, precisa ser protegida com a mesma dedicação e cuidado. Os escritórios jurídicos, por sua vez, não estão apenas erguendo fortalezas digitais, mas construindo um bastião coletivo contra as ameaças que permeiam o ciberespaço.

Esta responsabilidade coletiva vai além dos interesses individuais. Trata-se de preservar a reputação do escritório, que é construída não apenas sobre vitórias nos tribunais, mas também sobre a confiança contínua dos clientes. Em última análise, é uma salvaguarda à integridade da justiça como um todo. A confiança no sistema jurídico depende da garantia de que as informações sensíveis estão protegidas contra qualquer comprometimento, e cada advogado, como guardião digital, contribui para essa salvaguarda coletiva.

Portanto, a segurança dos dados não é apenas uma medida técnica, mas uma declaração de compromisso com a responsabilidade coletiva. Ao reconhecer a importância dessa missão, advogados e escritórios jurídicos não apenas fortalecem a segurança dos dados, mas solidificam-se como defensores inabaláveis da confiança, da integridade e da justiça em um mundo digital que exige nada menos do que a excelência em proteção cibernética.

Neste cenário digital em constante evolução, a conclusão é clara: a responsabilidade coletiva pela segurança dos dados é um compromisso inalienável. À medida que advogados e escritórios jurídicos implementam medidas avançadas de cibersegurança, não estão apenas garantindo a proteção de informações sensíveis, mas também moldando um futuro onde a confiança no sistema jurídico é inabalável.

A segurança dos dados não é apenas um requisito legal, mas uma expressão de comprometimento com a ética e a excelência profissional.

Os advogados, ao tornarem-se guardiões digitais, assumem um papel central na construção de uma rede intransponível contra as ameaças digitais que, se não forem tratadas com seriedade, podem minar não apenas a confidencialidade, mas todo o alicerce sobre o qual repousa a confiança no universo jurídico.

Em última análise, a responsabilidade coletiva pela segurança dos dados transcende os interesses individuais, abraçando a necessidade de proteger não apenas a informação, mas a confiança depositada nos profissionais jurídicos. Ao fazer isso, advogados e escritórios jurídicos não apenas se adaptam às complexidades do mundo digital, mas se destacam como líderes na construção de um ambiente onde a integridade, a ética e a confiança formam o cerne da justiça. Este compromisso coletivo não apenas protege, mas solidifica a posição dos advogados como guardiões confiáveis do bastião jurídico, defendendo não apenas os interesses dos clientes, mas a integridade de todo o sistema jurídico.

4.13. O Ciclo Vital das Informações: Estratégias Sustentáveis de Retenção e Descarte na Era da LGPD

Na intricada dança entre a coleta e o uso de dados, surge a necessidade premente de compreendermos o delicado equilíbrio entre a retenção necessária e o oportuno descarte de informações sensíveis. Este capítulo mergulhará nas águas profundas das Políticas de Retenção e Descarte de Informações, delineando estratégias cruciais para atender aos requisitos da Lei Geral de Proteção de Dados (LGPD).

4.13.1. O Tempo como Aliado e Adversário:

Abordaremos a importância de compreender a dinâmica do tempo no contexto das informações. Se por um lado, a retenção adequada pode ser vital para a tomada de decisões, por outro, a obsolescência pode transformar dados outrora valiosos em fardos inúteis. O desafio reside em discernir o ponto ótimo entre manter e liberar, um delicado balé no qual a LGPD nos exige maestria.

4.13.2. O Papel do Advogado como Guardião da Integridade Informacional:

Os advogados, como curadores dos segredos e confidências de seus clientes, desempenham um papel crucial na implementação efetiva das políticas de retenção. Exploraremos como a transparência, aliada a uma gestão responsável, não apenas cumpre as normativas da LGPD, mas também fortalece a relação de confiança entre advogado e cliente.

4.13.3. Estratégias Pragmáticas de Descarte:

Desenvolveremos estratégias pragmáticas para o descarte ético e eficiente de dados. Em um mundo onde a informação é uma moeda valiosa, aprenderemos a discernir entre o indispensável e o supérfluo. Através de processos automatizados e protocolos meticulosos, desvendaremos como aliviar os arquivos congestionados, preservando apenas o que verdadeiramente importa.

4.13.4. O Desafio Ético da Memória Digital:

Entraremos em um território ético, explorando a responsabilidade inerente ao manuseio das memórias digitais. Como preservamos a história sem comprometer a privacidade? Analisaremos como os advogados podem equilibrar a necessidade de retenção histórica com o dever ético de proteger as identidades e informações sensíveis.

4.13.5. Educação e Conscientização:

Nenhuma política é eficaz sem a compreensão e colaboração de todos os envolvidos. Neste capítulo, destacaremos a importância da educação contínua e conscientização sobre as políticas de retenção e descarte. Proporcionar aos membros da equipe uma compreensão sólida desses processos não apenas aprimora a conformidade com a LGPD, mas também fortalece a cultura organizacional.

4.13.6. O Futuro da Retenção de Informações:

Concluiremos nossa jornada explorando as tendências emergentes e os desafios futuros na gestão de informações. Da inteligência artificial à crescente complexidade dos dados biométricos, entenderemos como as políticas de retenção e descarte evoluirão para enfrentar os desafios do amanhã. Este capítulo servirá como um guia atemporal, moldando a prática jurídica em um mundo cada vez mais centrado na proteção dos dados pessoais.

4.14. Advocacia Sustentável na Era Digital: desvendando as Responsabilidades dos Advogados na Proteção de Dados

Neste intrigante tópico, mergulharemos nas águas agitadas da advocacia moderna, onde a proteção de dados se tornou um farol orientador. A sociedade digital exige que os advogados atuem não apenas como defensores dos interesses de seus clientes, mas também como guardiões dedicados da privacidade e segurança das informações. Vamos explorar as complexidades e responsabilidades inerentes a essa jornada, desvendando estratégias práticas para implementar políticas de proteção de dados em escritórios jurídicos.

4.14.1. Os Bastidores da Advocacia Digital:

No palco digital, onde petições se tornam arquivos PDF e salas de audiência migram para o ciberespaço, os advogados assumem um papel de destaque na proteção das informações sensíveis. Este capítulo abrirá os bastidores da advocacia digital, revelando como cada clique e compartilhamento de dados requer uma análise crítica da conformidade com a LGPD.

4.14.2. O Cliente como Parceiro na Proteção:

Exploraremos a dinâmica única entre advogado e cliente, destacando como a transparência e a comunicação aberta são fundamentais. Os advogados não são apenas conselheiros legais, mas também educadores, capacitando seus clientes a compreenderem a importância da proteção de dados em um mundo interconectado.

4.13.3. Implementando Políticas de Proteção de Dados no Cotidiano Jurídico:

Abordaremos estratégias tangíveis para a implementação efetiva de políticas de proteção de dados no cotidiano jurídico. Desde a segurança cibernética até a gestão de acesso, examinaremos como os advogados podem integrar medidas de proteção sem sacrificar a eficiência operacional.

4.14.4. Conectando Ética e Tecnologia:

A interseção entre ética profissional e avanços tecnológicos é um território fértil de reflexão. Este capítulo lançará luz sobre como os advogados podem abraçar a tecnologia sem comprometer a integridade ética, destacando a necessidade de uma abordagem equilibrada.

4.14.5. Desafios e Oportunidades:

Não ignoraremos os desafios que surgem no caminho. Desde as ameaças cibernéticas até as complexidades das plataformas de comunicação, cada desafio é também uma oportunidade para os advogados demonstrarem sua resiliência e adaptabilidade.

4.14.6. Rumo a uma Advocacia mais Consciente:

Concluiremos nossa exploração ressaltando a visão de uma advocacia mais consciente. Ao abraçar as responsabilidades na proteção de dados, os advogados não apenas cumprem as normativas legais, mas moldam uma profissão que respeita e protege a privacidade como um valor inalienável. Este capítulo serve como um convite para a advocacia do futuro, onde a integridade digital é tão essencial quanto a integridade nos tribunais.

4.15. Além das Cortes, Rumo a Vanguarda Digital da Advocacia

Ao encerrar esta exploração das responsabilidades dos advogados na proteção de dados, emergimos com uma clara compreensão: a advocacia transcende as paredes dos tribunais, abraçando o papel vital na salvaguarda da integridade digital. Neste capítulo, desvendamos as complexidades e desafios que os advogados enfrentam na era digital, reconhecendo que a proteção de dados não é apenas uma obrigação legal, mas uma missão ética.

A conexão entre advogado e cliente, antes centrada apenas nos processos legais, agora expande-se para abraçar a educação sobre a importância da privacidade digital. A transparência se revela como a cola que une essa relação, transformando clientes em parceiros ativos na salvaguarda de informações sensíveis.

Implementar políticas de proteção de dados torna-se uma jornada prática, onde estratégias tangíveis podem ser integradas ao cotidiano jurídico. Da segurança cibernética à gestão de acesso, os advogados descobrem que a adaptação é a chave para equilibrar eficiência e conformidade.

A interseção entre ética e tecnologia é o ponto onde os advogados moldam o futuro da profissão. Ao abraçar a inovação de forma ética, a advocacia se posiciona como uma força motriz na construção de um ambiente digital confiável e seguro.

Ao enfrentar desafios, os advogados encontram oportunidades para demonstrar resiliência. Da ameaça de cibersegurança às complexidades das plataformas digitais, cada desafio superado é um passo em direção a uma advocacia mais consciente.

Assim, concluímos não apenas um capítulo, mas um convite para uma advocacia além das cortes, rumo à vanguarda digital. Ao abraçar as responsabilidades na proteção de dados, os advogados não apenas seguem normativas legais, mas se tornam arquitetos de um futuro onde a privacidade é uma pedra angular da profissão jurídica. Este capítulo é, portanto, um ponto de partida para uma advocacia que não apenas adapta-se ao mundo digital, mas lidera a transformação com integridade e visão.

4.16. Um compromisso sólido com a Proteção de Dados

Ao encerrarmos este capítulo, é imperativo reforçar o compromisso fundamental que os profissionais do direito devem assumir na era da LGPD: o compromisso com a proteção de dados como um ato de zelo e responsabilidade. A complexidade das Políticas de Retenção e Descarte de Informações exige uma abordagem equilibrada, considerando o valor estratégico dos dados e os princípios éticos que permeiam nossa sociedade digital.

A compreensão da temporalidade na gestão de informações revela-se como uma habilidade essencial. O tempo não é apenas uma dimensão física, mas um fator determinante na relevância e segurança dos dados. Os advogados, ao atuarem como guardiões dessa temporalidade, tornam-se arquitetos de confiança, construindo relações duradouras com seus clientes.

As estratégias pragmáticas de descarte emergem como uma necessidade premente. Automatizar processos e adotar protocolos meticulosos não apenas simplifica a gestão de dados, mas também protege contra a retenção excessiva, um perigo muitas vezes invisível que a LGPD visa mitigar. A ética, enquanto navegamos pelo vasto oceano da memória digital, torna-se nosso guia, garantindo que a preservação histórica não comprometa a privacidade individual.

A conscientização e educação, destacadas neste capítulo, representam alicerces indispensáveis. Uma cultura organizacional sólida em torno das políticas de retenção e descarte não apenas atende aos requisitos legais, mas fortalece o tecido ético da profissão jurídica. Cada membro da equipe, desde o estagiário até o sócio, desempenha um papel vital na construção dessa cultura.

Finalmente, olhamos para o futuro com olhos curiosos e cautelosos. As tendências emergentes apontam para um cenário onde a proteção de dados não é apenas uma exigência legal, mas uma expectativa social. Este capítulo não é apenas um guia para os desafios atuais, mas uma bússola para a navegação em águas desconhecidas.

Ao adotarmos uma abordagem proativa e ética na gestão de informações, os advogados moldam não apenas o presente, mas também o futuro da advocacia em um mundo onde a privacidade é um direito inegociável.

CAPÍTULO 5

5.1. Aliança Digitais: Navegando Pelos Mares do Compartilhamento de Dados na Era da LGPD

No vasto oceano digital, onde a informação é a moeda corrente, o compartilhamento de dados tornou-se um aspecto central da vida contemporânea. Neste capítulo, adentraremos as águas tumultuadas do Compartilhamento de Dados com Terceiros e Parcerias, desvendando os desafios e explorando as oportunidades que surgem quando as organizações se unem digitalmente. Desde o advogado em seu escritório até corporações multinacionais, a implementação de políticas sólidas torna-se crucial para navegar nesses mares complexos enquanto se mantém à tona da conformidade com a LGPD.

5.1.1. As Fronteiras Nebulosas do Compartilhamento de Dados:

Iniciaremos nossa jornada destacando a delicada fronteira entre colaboração e vulnerabilidade quando se trata do compartilhamento de dados. Enquanto alianças estratégicas podem abrir portas para inovação e eficiência, também expõem organizações a riscos consideráveis, exigindo uma cuidadosa navegação para evitar naufrágios na conformidade legal.

5.1.2. A LGPD como Bússola Moral no Compartilhamento:

Exploraremos como a LGPD não é apenas uma legislação fria, mas uma bússola moral, guiando os passos das organizações no compartilhamento de dados. Advogados e escritórios jurídicos, ao adotarem essa perspectiva, não apenas cumprem regulamentações, mas também fortalecem a confiança de seus clientes, tornando-se defensores confiáveis da privacidade em parcerias digitais.

5.1.3. Estratégias para uma Compartilhamento Responsável:

O capítulo abordará estratégias práticas para um compartilhamento de dados responsável. Desde a avaliação rigorosa de parceiros até a elaboração de acordos detalhados, exploraremos como os advogados podem atuar como guardiões na construção de parcerias sólidas, alinhadas com os princípios éticos e legais da LGPD.

5.1.4. Protegendo o Valor do Cliente:

Destacaremos a importância de proteger o valor dos clientes no contexto do compartilhamento de dados. Os advogados, ao negociarem parcerias, precisam garantir que a privacidade e a segurança dos dados dos clientes sejam prioritárias, preservando a confiança depositada neles.

5.1.5. Desafios Éticos e Sociais:

Abordaremos os desafios éticos e sociais que surgem quando dados são compartilhados além das fronteiras organizacionais. A reflexão sobre como o compartilhamento de informações pode impactar comunidades e indivíduos é fundamental para uma abordagem ética e responsável nesse cenário dinâmico.

5.1.6. Construindo uma Cultura de Consciência Digital:

Concluiremos discutindo a importância de construir uma cultura de consciência digital. Ao instilar nos profissionais do direito e nas organizações a compreensão de que o compartilhamento de dados é uma responsabilidade compartilhada, podemos moldar um ambiente digital onde a colaboração é poderosa, mas sempre guiada pelos princípios de proteção e integridade. Este capítulo servirá como farol, iluminando o caminho para uma era de parcerias digitais que não apenas impulsionam o progresso, mas também protegem os valores fundamentais da privacidade e segurança de dados.

5.1.7. Navegando com Sabedoria nas Águas do Compartilhamento

Ao encerrar este tópico emergimos das profundezas do compartilhamento de dados com uma compreensão clara de sua complexidade e impacto na era da LGPD. O mundo digital, onde as parcerias são forjadas e os dados fluem como correntes invisíveis, exige uma navegação sábia e ética por parte dos advogados e organizações jurídicas.

A fronteira nebulosa entre colaboração e vulnerabilidade torna-se evidente, instigando a reflexão sobre como as parcerias digitais podem ser tanto uma fonte de inovação quanto um terreno fértil para riscos. A LGPD, nesse contexto, não é apenas uma legislação a ser cumprida, mas uma bússola moral que orienta as decisões, garantindo que os princípios de privacidade e ética estejam no cerne de cada aliança digital.

Estratégias para um compartilhamento responsável emergem como um guia prático, onde advogados atuam como guardiões na construção de parcerias sólidas. A proteção do valor do cliente, uma missão essencial, exige negociações cautelosas e acordos detalhados para preservar a confiança depositada nos profissionais do direito.

No horizonte, vislumbramos desafios éticos e sociais que exigem uma abordagem ponderada. O compartilhamento de dados não é apenas uma questão técnica, mas uma influência que permeia comunidades e indivíduos. Portanto, a responsabilidade ética transcende a conformidade legal, exigindo uma consideração cuidadosa das ramificações sociais de nossas ações digitais.

Concluímos, então, com a construção de uma cultura de consciência digital. Ao infundir em profissionais do direito e organizações a compreensão de que o compartilhamento de dados é uma responsabilidade compartilhada, podemos moldar um ambiente digital onde a colaboração é impulsionada pela sabedoria e pela ética. Este capítulo serve como um farol de orientação, destacando que, ao navegar pelas águas do compartilhamento de dados, a sabedoria e a ética são as velas que impulsionam a jornada rumo a um futuro digital mais responsável e sustentável.

5.2.   Ligando Contratos e Confiança: A dança Sutil na Era LGPD

Neste capítulo, adentraremos a intricada dança entre contratos e confiança na gestão de parceiros e fornecedores, em um mundo onde a privacidade dos dados é o epicentro das preocupações. Como advogados e escritórios jurídicos podem trilhar esse caminho delicado, garantindo tanto o cumprimento da LGPD quanto a construção de relações duradouras baseadas na transparência?

5.2.1. A Simbiose Contratual:

Iniciaremos explorando a simbiose entre contratos e confiança. Contratos são mais do que meros documentos legais; são a base sobre a qual se constrói a confiança mútua. Como podemos, então, equilibrar as exigências contratuais rigorosas com a necessidade de estabelecer parcerias sólidas e duradouras?

5.2.2. LGPD como Fio Condutor:

Destacaremos a LGPD como o fio condutor nessa dança, fornecendo diretrizes claras para a construção de contratos que respeitem os princípios fundamentais da privacidade. Advogados, ao incorporarem essas diretrizes em seus contratos, não apenas asseguram a conformidade legal, mas também demonstram um compromisso real com a proteção de dados.

5.2.3. A Importância da Linguagem Clara e Acessível:

Abordaremos a importância da linguagem clara e acessível nos contratos. Em um mundo onde a ambiguidade pode resultar em complicações legais, a transparência na linguagem contratual não apenas simplifica a interpretação, mas também constrói confiança entre as partes envolvidas.

5.2.4. Avaliação Rigorosa de Parceiros e Fornecedores:

Discutiremos a necessidade de uma avaliação rigorosa de parceiros e fornecedores. Contratos robustos começam com a escolha cuidadosa de quem será parte deles. Como os advogados podem implementar processos que garantam não apenas a qualidade dos serviços, mas também a conformidade com os padrões éticos e legais estabelecidos pela LGPD?

5.2.5. Resolução de Conflitos com Integridade:

Enfocaremos a resolução de conflitos com integridade. Em um mundo interconectado, conflitos são inevitáveis. Como os contratos podem incorporar cláusulas que promovam a resolução ética de disputas, garantindo que a confiança entre as partes não seja prejudicada?

5.2.6. Além dos Contratos: Cultivando uma Cultura de Confiança:

Concluiremos este capítulo destacando que, além dos contratos, é essencial cultivar uma cultura de confiança. Os advogados não são apenas arquitetos de acordos legais, mas também cultivadores de relacionamentos sólidos. Ao implementar políticas e práticas que transcendem as palavras dos contratos, os escritórios jurídicos podem estabelecer uma base sólida para parcerias baseadas na confiança, sustentadas pelo compromisso com a privacidade e a ética. Este capítulo servirá como um guia, orientando a dança delicada entre contratos e confiança na jornada rumo a um futuro empresarial mais transparente e responsável.

5.2.7. Harmonizando Contratos e Confiança na Era da Privacidade

Ao encerráramos este capítulo, emergimos de uma dança complexa entre contratos e confiança, reconhecendo que na era da LGPD, a relação entre parceiros e fornecedores exige uma abordagem cuidadosa e ética. Contratos não são apenas documentos legais, mas a base sobre a qual a confiança floresce ou desvanece.

A LGPD, como fio condutor, não apenas impõe regras, mas delineia um caminho ético para a construção de contratos. Advogados, ao incorporarem as diretrizes da privacidade, tornam-se não apenas defensores legais, mas também guardiões dos dados confiados a eles.

A clareza e acessibilidade na linguagem contratual são peças-chave neste quebra-cabeça, permitindo uma compreensão mútua que fortalece a confiança. Ao escolher parceiros e fornecedores, a avaliação rigorosa não apenas garante a qualidade dos serviços, mas também a integridade na gestão de dados sensíveis.

A resolução de conflitos, permeada pela ética, torna-se um elemento vital para manter a confiança. Os contratos, quando incorporam cláusulas que promovem a resolução ética de disputas, garantem que as relações não se deteriorem diante de desafios inevitáveis.

Além dos contratos, destacamos a importância de cultivar uma cultura de confiança. Os advogados não são apenas redatores de documentos; são cultivadores de relacionamentos. Ao implementar políticas e práticas que transcendem as palavras nos contratos, os escritórios jurídicos estabelecem um terreno fértil para parcerias sustentáveis e éticas.

Assim, concluímos que, na interseção entre contratos e confiança, reside não apenas a conformidade com a LGPD, mas a construção de um ambiente empresarial transparente e responsável. Este capítulo é um convite para os profissionais do direito embarcarem nessa jornada, onde cada palavra nos contratos e cada ação refletem o compromisso com uma ética robusta e uma cultura de confiança na era da privacidade digital

CAPÍTULO 6

6.1. Inovação Responsável: Navegando Pelas Fronteiras Tecnológicas com a LGPD

Neste capítulo, desbravaremos o território fascinante onde a inovação tecnológica encontra a responsabilidade jurídica, explorando como o uso de tecnologia pode estar em conformidade com a LGPD. Como os advogados e escritórios jurídicos podem não apenas abraçar as benesses da tecnologia, mas também garantir que cada avanço esteja alinhado aos princípios da privacidade e conformidade legal?

6.1.1. A Revolução Tecnológica e os Desafios da Privacidade:

Iniciaremos nossa jornada destacando a revolução tecnológica que molda nossa era e os desafios inerentes à privacidade. À medida que a tecnologia avança, a proteção de dados torna-se uma necessidade premente, e a LGPD surge como uma bússola essencial para orientar as inovações de maneira ética e legal.

6.1.2. A LGPD como Aliada, Não Obstáculo:

Abordaremos a LGPD não como um obstáculo, mas como uma aliada na jornada tecnológica. Como advogados, a compreensão de que a conformidade legal é intrínseca ao desenvolvimento tecnológico não apenas protege contra potenciais implicações legais, mas também constrói uma base sólida para a confiança dos usuários.

6.1.3. Implementando Tecnologia com Ética:

Discutiremos estratégias para implementar tecnologia com ética. Desde a integração de medidas de segurança até a incorporação de princípios de privacidade desde a concepção de uma tecnologia, exploraremos como os escritórios jurídicos podem liderar o caminho para uma inovação mais consciente.

6.1.4. Educação e Conscientização:

Destacaremos a importância da educação e conscientização sobre a LGPD no ambiente tecnológico. Advogados e suas equipes não apenas precisam compreender as nuances da legislação, mas também disseminar esse conhecimento entre os colegas, promovendo uma cultura de responsabilidade digital.

6.1.5. Auditorias Regulares e Adaptação Contínua:

Abordaremos a necessidade de auditorias regulares e adaptação contínua. Em um cenário onde a tecnologia avança rapidamente, a conformidade com a LGPD não é uma meta estática, mas um processo dinâmico que requer avaliações regulares para garantir que as práticas estejam sempre atualizadas.

6.1.6. O Futuro da Inovação Ética:

Concluiremos olhando para o futuro da inovação ética. Ao abraçar uma abordagem que equilibra avanços tecnológicos com a proteção dos dados, os advogados não apenas garantem a conformidade com a LGPD, mas também moldam um futuro onde a inovação é um veículo para o progresso, sem comprometer os valores fundamentais da privacidade. Este capítulo é uma chamada à ação para uma era em que a tecnologia e a ética coexistem harmoniosamente, impulsionando-nos para um amanhã digital mais seguro e responsável.

6.1.7. Rumo a uma inovação Consciente na Era da LGPD

Ao encerráramos este tópico, contemplamos o emocionante horizonte onde a inovação tecnológica se encontra com a responsabilidade jurídica na era da LGPD. Nossa jornada nos levou pelas fronteiras tecnológicas, onde cada avanço é uma oportunidade e um desafio simultâneo.

A revolução tecnológica, embora traga consigo inúmeras promessas, também nos confronta com desafios complexos relacionados à privacidade. A LGPD, longe de ser um obstáculo, revelou-se uma aliada crucial, fornecendo um quadro ético e legal que guia a inovação de maneira responsável.

Compreendemos que a implementação de tecnologia com ética não é apenas uma escolha, mas uma necessidade imperativa. Desde medidas de segurança até a integração de princípios de privacidade em cada estágio do desenvolvimento tecnológico, os escritórios jurídicos assumem o papel de líderes na criação de inovações conscientes.

A educação e conscientização surgem como ferramentas poderosas nessa jornada. Advogados, equipes e colaboradores precisam não apenas entender a complexidade da LGPD, mas também serem agentes ativos na disseminação desse conhecimento, construindo uma cultura organizacional que valoriza a responsabilidade digital.

Auditando regularmente e adaptando continuamente, reconhecemos que a conformidade com a LGPD é uma jornada dinâmica. Em um ambiente tecnológico em constante evolução, a vigilância é crucial para garantir que as práticas estejam sempre alinhadas aos padrões éticos e legais.

Concluímos este tópico vislumbrando o futuro da inovação ética. Ao equilibrar avanços tecnológicos com a proteção dos dados, os advogados estão na vanguarda de uma transformação que não apenas assegura a conformidade com a LGPD, mas também constrói um cenário onde a inovação é um veículo para o progresso, sem comprometer os valores fundamentais da privacidade e responsabilidade.

Este tópico é mais do que uma reflexão; é um convite para uma era onde a inovação e a ética coexistem, impulsionando-nos para um amanhã digital mais seguro, consciente e inspirador.

6.2.   Além dos Códigos: Desvendando a Sinfonia Digital nos Escritórios Jurídicos sob a LGPD

Neste tópico, nos aventuraremos pelos corredores digitais dos escritórios jurídicos, explorando a sinfonia complexa de sistemas e softwares em consonância com a LGPD. Em um mundo cada vez mais conectado, como os advogados podem harmonizar eficiência operacional e conformidade legal, sem perder de vista a melodia da privacidade dos dados?

6.2.1. Orquestrando a Eficiência:

Começaremos nossa exploração destacando como sistemas e softwares são os maestros da eficiência nos escritórios jurídicos modernos. Desde a gestão de processos até a organização de documentos, cada código é uma nota na sinfonia que busca otimizar o trabalho jurídico. No entanto, essa busca por eficiência deve ser temperada com uma sensibilidade especial à privacidade.

6.2.2. A LGPD como Partitura:

Abordaremos a LGPD não apenas como uma lei, mas como a partitura que dita a melodia da proteção de dados. Os advogados, ao utilizarem sistemas e softwares, devem interpretar essa partitura de maneira magistral, garantindo que cada nota respeite os princípios legais e éticos estabelecidos pela legislação.

6.2.3. Implementando Políticas de Acesso e Controle:

Discutiremos estratégias práticas para a implementação de políticas de acesso e controle. Ao conceder e gerenciar acesso a informações, os escritórios jurídicos devem adotar uma abordagem estratégica, garantindo que apenas as partes autorizadas tenham permissão para tocar as notas sensíveis da privacidade dos dados.

6.2.4. Segurança Cibernética: Protegendo a Sinfonia Digital:

Abordaremos a segurança cibernética como a guarda-costas da sinfonia digital. Em um mundo onde ameaças digitais são constantes, advogados e suas equipes devem adotar medidas robustas para proteger os dados contra potenciais dissonâncias que poderiam comprometer a privacidade.

6.2.5. Melodia da Consciência Digital:

Destacaremos a importância de cultivar uma melodia de consciência digital. A reflexão constante sobre como cada sistema e software contribui para a sinfonia dos dados é essencial. Os advogados, ao guiarem a orquestra digital, devem assegurar que a consciência sobre a privacidade ressoe em cada decisão e implementação tecnológica.

6.2.6. Manutenção e Atualização: A Sinfonia é uma Obra em Construção:

Concluiremos reconhecendo que a sinfonia digital dos escritórios jurídicos é uma obra em construção. A manutenção constante e a atualização dos sistemas e softwares são imperativas. Assim como uma partitura evolui, os advogados devem garantir que sua orquestra digital esteja sempre afinada com os requisitos legais e as expectativas éticas da LGPD.

Este capítulo é mais do que uma viagem pelos códigos e algoritmos; é uma exploração da interseção entre eficiência tecnológica e responsabilidade legal. Ao desvendar a sinfonia digital, os escritórios jurídicos não apenas se mantêm na vanguarda da inovação, mas também lideram o caminho para um futuro digital onde a privacidade é uma nota inegociável na melodia da advocacia moderna.

6.2.7. Harmonia Necessária na Sinfonia Digital da Advocacia

Ao encerrarmos este capítulo, emergimos do intricado mundo da sinfonia digital nos escritórios jurídicos com uma compreensão mais profunda sobre a necessidade de harmonizar a eficiência operacional com a conformidade legal, especialmente à luz da LGPD. A orquestra tecnológica que embala o trabalho jurídico moderno é uma realidade inegável, mas sua melodia deve ressoar em consonância com os acordes da privacidade dos dados.

A LGPD, nossa partitura legal, é muito mais do que um conjunto de regras a serem seguidas; é a regência que dita a melodia da proteção de dados. Os advogados, como maestros digitais, devem interpretar essa partitura com maestria, garantindo que cada sistema e software contribua para uma harmonia legal e ética.

A implementação de políticas de acesso e controle emerge como um compasso vital na execução dessa sinfonia digital. A orquestração cuidadosa dessas políticas assegura que apenas as partes autorizadas tenham permissão para tocar os instrumentos sensíveis da privacidade, evitando dissonâncias indesejadas.

A segurança cibernética, como o guardião da sinfonia digital, desempenha um papel crucial. Em um ambiente onde as ameaças digitais ecoam constantemente, advogados devem adotar medidas robustas para proteger a integridade da orquestra digital e manter a confidencialidade dos dados.

A consciência digital, como uma melodia suave, permeia toda a execução. Advogados e equipes, ao guiarem a orquestra digital, devem ser constantemente conscientes do impacto de cada nota na sinfonia da privacidade, cultivando uma abordagem reflexiva e ética em relação à tecnologia.

Concluímos reconhecendo que a sinfonia digital dos escritórios jurídicos é uma obra em construção constante. A manutenção e atualização regulares dos sistemas e softwares são como afinações frequentes, garantindo que a orquestra digital esteja sempre alinhada com os requisitos legais e as expectativas éticas da LGPD.

Este assunto é mais do que um guia tecnológico; é um convite à reflexão sobre como a advocacia moderna pode abraçar a inovação sem comprometer os princípios fundamentais da privacidade e da conformidade legal. Ao harmonizar a sinfonia digital da advocacia, os profissionais do direito não apenas lideram a orquestra da inovação, mas também se tornam guardiões da privacidade na era digital.

6.2. Cibersegurança e Conformidade: Navegando pelos Mares na Era Digital

Neste tópico, mergulharemos nas águas da cibersegurança e conformidade, desvendando como garantir que a tecnologia, essencial para o funcionamento dos escritórios jurídicos, esteja em sintonia com os compassos da LGPD. Diante das crescentes ameaças digitais, como advogados podem não apenas defender os interesses de seus clientes, mas também proteger os dados sensíveis de maneira ética e eficaz?

6.2.1. O Cenário Complexo da Cibersegurança:

Iniciaremos nossa jornada lançando luz sobre o cenário complexo da cibersegurança. Diante de ameaças constantes, a tecnologia que impulsiona a advocacia moderna precisa ser robustamente protegida. A LGPD não apenas exige, mas é um farol guia, indicando que a proteção de dados não é uma opção, mas uma necessidade crítica.

6.2.2. Estratégias de Proteção de Dados:

Abordaremos estratégias práticas para a proteção de dados. Desde a implementação de firewalls até a criptografia de dados sensíveis, os advogados podem adotar uma abordagem estratégica para garantir que as informações confidenciais permaneçam fora do alcance de olhares indesejados.

6.2.3. Educação e Treinamento: A Fortaleza Humana na Defesa Digital:

Destacaremos a importância da educação e treinamento como uma fortaleza humana na defesa digital. A LGPD não é apenas sobre tecnologia, mas também sobre pessoas. Advogados e suas equipes devem ser educados e treinados para reconhecerem ameaças potenciais e agirem como guardiões vigilantes dos dados que manuseiam.

6.2.4. Auditorias de Segurança: A Afinidade Constante com a Conformidade:

Abordaremos a necessidade de auditorias de segurança como uma afinidade constante com a conformidade. A LGPD não é uma meta estática; é um processo dinâmico que requer avaliações regulares para garantir que os sistemas e softwares estejam sempre em conformidade com as normativas.

6.2.4. Conformidade como Vantagem Competitiva:

Discutiremos como a conformidade com a LGPD não é apenas uma obrigação legal, mas uma vantagem competitiva. Escritórios jurídicos que investem na segurança de dados e conformidade estão não apenas cumprindo normas, mas também construindo uma reputação de confiança e responsabilidade no mercado.

6.2.5. A Ética da Proteção Digital:

Concluiremos destacando a importância da ética na proteção digital. Em um mundo onde a tecnologia avança rapidamente, a ética deve ser a bússola que guia as decisões sobre segurança cibernética. Ao garantir a conformidade com a LGPD, advogados não apenas protegem dados, mas também reforçam a integridade ética da profissão.

Este capítulo é uma exploração não apenas da tecnologia, mas do compromisso ético que a envolve na era digital. Ao harmonizar a cibersegurança com a conformidade, os advogados não apenas defendem seus clientes nos tribunais, mas também protegem os dados confidenciais com uma vigilância que ressoa com os princípios da LGPD.

6.2.6. Navegando com ética e Segurança na Era Digital da LGPD

Ao encerrarmos esta exploração pelos mares da cibersegurança e conformidade com a LGPD, emerge uma compreensão clara de como advogados e escritórios jurídicos podem navegar pelos desafios digitais com ética e segurança. No cenário complexo da cibersegurança, a LGPD se destaca não apenas como uma regulamentação, mas como uma bússola essencial que aponta na direção da proteção ética dos dados.

As estratégias de proteção de dados delineadas oferecem um guia prático para os advogados. Desde a implementação de medidas técnicas até o treinamento humano, cada estratégia contribui para a construção de uma fortaleza digital capaz de resistir às investidas das ameaças cibernéticas.

A educação e treinamento surgem como elementos cruciais, reconhecendo que a defesa digital não é apenas uma questão técnica, mas uma responsabilidade compartilhada. Ao capacitar advogados e suas equipes para reconhecerem e mitigarem riscos, estamos construindo uma linha de defesa humana que complementa as barreiras tecnológicas.

As auditorias de segurança, vistas como uma afinidade constante com a conformidade, destacam a natureza dinâmica do cenário digital. A LGPD não é uma caixa a ser marcada, mas um compromisso contínuo com a avaliação e aprimoramento das práticas de segurança.

A conformidade, longe de ser uma simples obrigação legal, é apresentada como uma vantagem competitiva. Escritórios jurídicos que adotam práticas de segurança robustas não apenas atendem às exigências legais, mas também constroem uma reputação de confiança no mercado, tornando-se escolhas preferenciais para clientes preocupados com a proteção de dados.

Concluímos com a ênfase na ética da proteção digital. Em um cenário onde as tecnologias avançam rapidamente, a ética deve ser o alicerce sobre o qual construímos nossa segurança cibernética. Ao alinhar-se com os princípios da LGPD, os advogados não apenas defendem dados, mas também protegem a integridade ética da profissão.

Este capítulo não é apenas um manual de boas práticas; é um chamado à ação para uma advocacia que não apenas abraça a tecnologia, mas a orienta com princípios éticos. Ao navegar pelos mares digitais com ética e segurança, advogados não apenas defendem interesses legais, mas também fortalecem os alicerces da confiança na era da LGPD.

6.2.7. Desvendando as Razões Sólidas para Nomear um DPO Escritório de Advogados

No universo dinâmico do direito, onde a confidencialidade e a segurança das informações são a espinha dorsal da profissão, a nomeação de um Data Protection Officer (DPO) em escritórios de advocacia emerge como uma prática fundamental. Este artigo explorará os benefícios intrínsecos dessa decisão estratégica, proporcionando uma análise abrangente que destaca não apenas a conformidade legal, mas também os ganhos operacionais e de reputação que acompanham essa nomeação.

6.2.7.1. Navegando nas Águas da Legislação de Proteção de Dados

Com a crescente complexidade das leis de proteção de dados, é imperativo que os escritórios de advocacia estejam na vanguarda da conformidade. A nomeação de um DPO não apenas atende aos requisitos legais, mas também coloca a organização em posição de liderança na proteção da privacidade do cliente. O DPO age como um guardião diligente, traduzindo as nuances jurídicas das regulamentações de proteção de dados em práticas tangíveis para toda a equipe, garantindo assim que cada processo seja uma manifestação direta do compromisso com a privacidade.

6.2.7.2. Resguardo da Confiança do Cliente e da Reputação Institucional

A confiança é a moeda vitalícia de qualquer escritório de advocacia. A nomeação de um DPO não apenas assegura a conformidade legal, mas também demonstra um comprometimento inabalável com a ética e a segurança. Para os clientes, isso significa que suas informações estão sendo tratadas com a mais alta consideração, elevando a credibilidade da instituição. Em um mundo onde a reputação é construída e desfeita em um clique, a presença de um DPO atua como um escudo protetor, defendendo o escritório contra potenciais danos à reputação associados a violações de privacidade.

6.2.7.3. Otimização de Processos Internos e Aumento da Eficiência Operacional

A nomeação de um DPO não é apenas um ato de conformidade, mas também uma oportunidade estratégica para otimização interna. Ao implementar práticas robustas de proteção de dados, o escritório pode melhorar a eficiência operacional. Isso se traduz em processos mais ágeis e na redução de custos associados a incidentes de segurança. Um DPO bem treinado e integrado pode atuar como um catalisador para a inovação, identificando oportunidades de melhoria contínua e garantindo que os recursos do escritório sejam direcionados para áreas de maior impacto.

6.2.7.4. Empoderamento da Equipe e Desenvolvimento Profissional

Ao nomear um DPO, os escritórios de advocacia estão investindo no desenvolvimento profissional de sua equipe. O DPO não é apenas um executor de regulamentações; ele é um educador que capacita a equipe a compreender a importância da proteção de dados em seu trabalho diário. Isso cria uma cultura interna de responsabilidade compartilhada, onde cada membro da equipe se torna um defensor ativo da segurança da informação. Esse empoderamento não apenas fortalece a postura do escritório em relação à proteção de dados, mas também contribui para o desenvolvimento profissional contínuo de seus membros.

6.2.7.5. Proatividade na Identificação e Mitigação de Riscos

A nomeação de um DPO não é uma medida reativa, mas sim uma postura proativa na gestão de riscos. Ao ter uma figura dedicada à proteção de dados, os escritórios de advocacia podem antecipar e responder eficazmente às ameaças potenciais. Isso não apenas protege contra violações de dados, mas também permite que o escritório esteja à frente das mudanças nas regulamentações, garantindo adaptação contínua. A proatividade na identificação e mitigação de riscos não é apenas uma estratégia defensiva, mas uma ferramenta estratégica que impulsiona a resiliência e a competitividade do escritório.

6.2.7.6. Reflexão Ética e Social: Além da Conformidade Legal

Ao concluirmos essa análise, é crucial transcender a conformidade legal e refletir sobre a dimensão ética e social da nomeação de um DPO em um escritório de advocacia. A proteção de dados não é apenas uma obrigação legal, mas um imperativo ético. Em um mundo interconectado, onde as informações fluem como um rio digital, a responsabilidade ética de proteger a privacidade transcende fronteiras legais. Ao nomear um DPO, os escritórios de advocacia assumem um papel proeminente na construção de uma sociedade digital fundamentada na confiança, respeito e integridade.

6.3 Elevando o Compromisso para Além dos Limites Legais

A nomeação de um Data Protection Officer (DPO) em escritórios de advocacia transcende a simples conformidade legal; é um compromisso profundo com a proteção da privacidade e a construção de uma cultura organizacional fundamentada na ética digital. À medida que navegamos pelo intricado universo das leis de proteção de dados, a presença de um DPO não é apenas uma resposta às regulamentações, mas uma estratégia proativa para enfrentar os desafios emergentes na paisagem digital.

Ao assumir a responsabilidade pela conformidade legal, o DPO se torna o guardião da confiança depositada pelos clientes. A confiança, essência do relacionamento advogado-cliente, é construída não apenas na habilidade jurídica, mas também na garantia de que as informações sensíveis estão resguardadas. A nomeação de um DPO atua como uma declaração audaciosa de que o escritório de advocacia está disposto não apenas a atender ao mínimo exigido pelas leis, mas a ir além, assegurando aos clientes que a proteção de seus dados é uma prioridade inabalável.

Além disso, a eficiência operacional emerge como uma conquista tangível da nomeação do DPO. A otimização de processos internos não é apenas uma consequência da conformidade, mas uma estratégia deliberada para canalizar recursos de maneira mais eficaz. O DPO, ao orientar a equipe sobre as melhores práticas de proteção de dados, cria uma atmosfera interna onde cada membro é um participante ativo na salvaguarda da informação. Essa abordagem não apenas protege contra possíveis violações, mas também impulsiona a inovação e a eficiência, solidificando a posição do escritório como um líder adaptável no campo jurídico.

Ao aprofundar a análise, é essencial destacar o papel do DPO na identificação e mitigação proativa de riscos. Enquanto a conformidade legal atua como uma barreira de defesa, a visão antecipada do DPO permite que o escritório esteja um passo à frente, prontamente adaptando-se às mudanças nas regulamentações e às ameaças cibernéticas em constante evolução.

Essa postura proativa não apenas protege os interesses do escritório, mas também contribui para a construção de uma cultura de segurança resiliente, onde a equipe está preparada para enfrentar desafios emergentes.

Além dos benefícios operacionais, a nomeação do DPO reflete uma profunda consideração ética e social. Em um contexto global onde as fronteiras digitais desafiam as barreiras físicas, a responsabilidade ética de proteger dados vai além das leis nacionais. O escritório de advocacia, ao nomear um DPO, se posiciona como um defensor dos direitos individuais, contribuindo para a construção de uma sociedade digital mais justa e transparente.

Em síntese, a nomeação de um DPO não é apenas uma formalidade legal; é um compromisso abrangente que influencia a confiança do cliente, impulsiona a eficiência operacional, promove a resiliência contra ameaças cibernéticas e solidifica uma base ética sólida. Ao dar esse passo, os escritórios de advocacia não apenas cumprem uma obrigação, mas abraçam uma oportunidade de liderar no cenário jurídico, moldando um futuro onde a proteção de dados é um pilar inabalável da prática legal.

CAPÍTULO 7

7.1. Navegando com Ética Digital: Boas Práticas para Adequação á LGPD na Advocacia

No horizonte jurídico, onde a confidencialidade é a pedra angular, a Lei Geral de Proteção de Dados (LGPD) surge como uma bússola que direciona a navegação segura na era digital. Para os escritórios de advocacia, o entendimento e a implementação eficaz da LGPD não são apenas requisitos legais, mas uma expressão clara do compromisso com a ética digital. Este artigo se propõe a explorar boas práticas cruciais para a adequação à LGPD na advocacia, desvelando os caminhos que, além de garantirem a conformidade, promovem uma cultura de respeito à privacidade e proteção de dados.

7.1.1. Mapeamento de Dados: O ponto de Partida Consciente:

O primeiro passo rumo à adequação à LGPD é o mapeamento consciente dos dados. Isso implica em compreender não apenas onde os dados estão armazenados, mas também como são coletados, processados e compartilhados. Um escritório de advocacia deve realizar uma análise abrangente de suas práticas de coleta de dados, identificando os pontos de entrada e saída dessas informações. Esse mapeamento não apenas assegura a conformidade, mas também serve como base para o desenvolvimento de políticas internas que priorizam a privacidade desde o início de qualquer processo.

7.1.2. Conscientização e treinamento: Capacitando a Equipe para o Futuro Digital

A LGPD não é apenas uma preocupação dos departamentos jurídicos; é uma responsabilidade compartilhada por todos os membros da equipe. A conscientização e o treinamento contínuo emergem como elementos cruciais. Todos os profissionais, desde advogados até funcionários administrativos, devem compreender a importância de proteger os dados do cliente. A capacitação não apenas mitigará os riscos associados à negligência, mas também fomentará uma cultura interna onde cada indivíduo é um guardião ativo da privacidade, alinhando-se com os valores éticos fundamentais da advocacia.

7.1.3. Políticas de Privacidade Transparentes; Construindo Confiança no Relacionamento Advogado- Cliente

A transparência é a moeda da confiança no mundo jurídico. Nesse contexto, a construção e divulgação de políticas de privacidade claras e acessíveis são essenciais. Os clientes devem ter pleno conhecimento de como suas informações serão utilizadas, quem terá acesso a elas e quais medidas estão sendo adotadas para garantir sua segurança. Ao adotar políticas transparentes, os escritórios não apenas atendem aos requisitos da LGPD, mas também solidificam a confiança do cliente, fundamentando a relação advogado-cliente em uma base de respeito mútuo.

7.1.4. Avaliação de Impacto á Proteção de Dados: Antecipando-se aos Desafios:

A avaliação de impacto à proteção de dados é uma ferramenta proativa que vai além da mera conformidade. Ela permite aos escritórios antecipar e mitigar possíveis riscos à privacidade antes mesmo de se concretizarem. Ao identificar e avaliar os riscos associados a processos específicos, os escritórios podem implementar medidas corretivas e preventivas, garantindo que a proteção de dados seja uma consideração intrínseca em cada atividade. Essa abordagem não apenas fortalece a posição do escritório em termos de conformidade, mas também atua como um escudo contra potenciais danos à reputação.

7.1.5. Segurança da Informação: Protegendo os Dados como Ativos:

Em um mundo digital permeado por ameaças cibernéticas, a segurança da informação é a armadura que protege os dados como ativos preciosos. Os escritórios de advocacia devem adotar práticas robustas de segurança, incluindo o uso de criptografia, firewalls e autenticação de dois fatores.

Além disso, a implementação de políticas de acesso restrito e a atualização constante dos sistemas são medidas cruciais. Ao tratar os dados como ativos de valor inestimável, os escritórios não apenas atendem aos requisitos legais, mas também fortalecem a confiança do cliente e a integridade das informações.

7.1.6. Resposta a Incidentes: Agindo com Resiliência em Momentos Críticos:

Nenhum sistema é infalível, e a capacidade de resposta a incidentes é uma faceta vital da adequação à LGPD. Os escritórios de advocacia devem desenvolver planos de resposta a incidentes que incluam ações claras e eficazes para lidar com violações de dados. Isso não apenas demonstra prontidão em momentos críticos, mas também atua como um compromisso transparente com os clientes. Uma resposta rápida e eficaz não apenas mitiga os danos, mas também preserva a reputação do escritório, mostrando que a privacidade do cliente é uma prioridade intransigente.

7.2. Rumo a um Futuro Jurídico Sólido e Ético

À medida que concluímos essa exploração das boas práticas para adequação à LGPD na advocacia, é evidente que estamos diante de uma transição crucial para um paradigma jurídico mais ético e centrado na proteção de dados. A LGPD não deve ser vista como uma barreira onerosa, mas como uma oportunidade única para os escritórios de advocacia liderarem a transformação digital com integridade. Essas boas práticas não são apenas estratégias para conformidade legal, mas são alicerces para a construção de uma cultura organizacional que coloca a privacidade do cliente no cerne de todas as operações.

Ao iniciar com o mapeamento consciente dos dados, os escritórios estabelecem uma base sólida para políticas internas que promovem a privacidade desde o início. A conscientização e o treinamento contínuo capacitam cada membro da equipe a desempenhar um papel ativo na proteção de dados, transformando-os em defensores comprometidos da ética digital.

A transparência nas políticas de privacidade constrói confiança no relacionamento advogado-cliente, solidificando a reputação do escritório como um guardião confiável das informações confidenciais.

A avaliação de impacto à proteção de dados não é apenas uma estratégia para antecipar desafios, mas uma ferramenta proativa que eleva a postura do escritório além da conformidade mínima. A segurança da informação, tratando os dados como ativos preciosos, não apenas cumpre requisitos legais, mas também fortalece a resiliência contra ameaças cibernéticas em um mundo digital em constante evolução. A resposta a incidentes, por sua vez, não é apenas uma medida reativa, mas uma expressão de prontidão e compromisso transparente em momentos críticos.

Em última análise, a adequação à LGPD na advocacia não é uma jornada solitária pela conformidade, mas sim uma colaboração coletiva para moldar um futuro onde a ética digital é o alicerce do exercício jurídico. Ao adotar e integrar essas boas práticas, os escritórios não apenas atendem aos requisitos legais, mas trilham um caminho confiante em direção a uma era onde a proteção de dados não é apenas uma obrigação legal, mas uma marca registrada da excelência ética na advocacia. Navegamos não apenas em águas de conformidade, mas em um vasto oceano de confiança, respeito e integridade na era da proteção de dados.

A jornada pelos horizontes éticos da adequação à LGPD na advocacia, é crucial destacar que esse compromisso transcende o cumprimento de requisitos legais. A integração dessas boas práticas não apenas cumpre uma legislação específica, mas posiciona os escritórios como agentes ativos na construção de um ambiente digital mais seguro e confiável. Ao adotar a conscientização e o treinamento contínuo, os profissionais jurídicos não apenas se adequam às demandas da LGPD, mas também cultivam uma mentalidade coletiva que enxerga a proteção de dados como um pilar fundamental da prática jurídica contemporânea.

A transparência nas políticas de privacidade, por sua vez, não é apenas uma formalidade de divulgação; é um elo essencial na construção e manutenção de relacionamentos duradouros com os clientes.

Ao comunicar de maneira clara e acessível como os dados serão tratados, os escritórios não apenas respeitam a legislação, mas também fortalecem a confiança, revelando um compromisso genuíno com a privacidade dos clientes.

A avaliação de impacto à proteção de dados, ao antecipar possíveis riscos, transforma-se em uma ferramenta estratégica. Não é apenas uma resposta às regulamentações; é uma iniciativa proativa para enfrentar os desafios emergentes da era digital. Ao entender as implicações de cada processo nas operações diárias, os escritórios não apenas evitam riscos, mas também demonstram uma visão de futuro, adaptando-se continuamente às mudanças no cenário jurídico.

Em relação à segurança da informação, que trata os dados como ativos de valor inestimável, os escritórios não apenas cumprem requisitos legais de proteção de dados, mas também promovem uma cultura de responsabilidade digital. Ao incorporar práticas robustas de segurança, os escritórios não apenas evitam sanções legais, mas também protegem a reputação e a integridade que são vitais no ambiente altamente competitivo da advocacia moderna.

Finalmente, a resposta a incidentes não é apenas uma formalidade em momentos de crise. É uma oportunidade de mostrar resiliência, transparência e responsabilidade. Ao ter planos claros e eficazes para lidar com violações de dados, os escritórios não apenas minimizam os impactos negativos, mas também reforçam a imagem de profissionais comprometidos com a proteção e a segurança das informações.

Neste cenário, a adequação à LGPD na advocacia não é uma simples adaptação à regulamentação; é uma viagem em direção a um futuro jurídico mais ético, transparente e resiliente. Ao incorporar essas boas práticas, os escritórios não apenas atendem a um mandato legal, mas moldam uma narrativa onde a advocacia se torna sinônimo de respeito à privacidade e excelência ética. Navegamos, assim, não apenas em um mar de conformidade, mas em direção a um horizonte onde a proteção de dados é um farol orientador, iluminando o caminho para uma prática jurídica mais segura e confiável na era digital.

7.2. Navegando na Jornada Ética: Elaboração de um Plano de Adequação á LGPD para Advogados e Escritórios Jurídicos

Na imensidão do cenário jurídico, onde o respeito à confidencialidade é uma premissa inquestionável, a Lei Geral de Proteção de Dados (LGPD) surge como uma bússola essencial para advogados e escritórios jurídicos. A elaboração de um plano de adequação à LGPD não é apenas uma resposta às demandas legais, mas uma oportunidade para esses profissionais se destacarem como defensores proativos da privacidade. Este artigo explora os caminhos criativos e essenciais para desenvolver um plano robusto, acessível a todos, independentemente de sua familiaridade com termos técnicos.

7.2.1. Análise Atenta do Ambiente Interno: Cartografia para a Adequação:

O ponto inicial na elaboração de um plano de adequação à LGPD é uma análise minuciosa do ambiente interno. Isso envolve identificar os pontos de entrada e saída de dados, compreender os processos de coleta e tratamento de informações e mapear a jornada dos dados dentro do escritório. A analogia com a cartografia não é por acaso; assim como um navegador precisa entender as correntes e os relevos, um escritório de advocacia deve ter clareza sobre como os dados fluem em seu ecossistema. Esse mapeamento não apenas garante conformidade, mas também revela oportunidades para otimização de processos e aprimoramento da segurança da informação.

7.2.2. Conscientização e Treinamento: Despertando Guardiões Éticos dos Dados:

Um plano eficaz de adequação à LGPD não é apenas sobre sistemas e processos; é sobre pessoas. A conscientização e o treinamento emergem como pilares fundamentais. Comunicar de maneira acessível e clara os princípios e as implicações da LGPD para todos os membros da equipe é o primeiro passo. Transformar advogados, secretários e demais colaboradores em guardiões éticos dos dados é a meta. Afinal, a proteção de dados não é apenas uma responsabilidade jurídica, mas uma missão compartilhada por toda a equipe.

7.2.3. Desenvolvimento de Políticas Transparentes: A Construção da Confiança:

A transparência é a moeda da confiança no relacionamento advogado-cliente. No contexto da LGPD, isso se traduz na necessidade de desenvolver e comunicar políticas de privacidade transparentes. Essas políticas devem ser não apenas documentos legais, mas narrativas acessíveis que revelam como o escritório trata e protege os dados dos clientes. Ao adotar uma abordagem transparente, os escritórios não apenas atendem aos requisitos da LGPD, mas fortalecem a confiança que é essencial para a longevidade de qualquer relação jurídica.

7.2.4. Avaliação de Riscos e Impacto: A Preparação Antecipada para as Correntes Desafiadoras

A navegação no universo digital está sujeita a tempestades inesperadas. No contexto da LGPD, a avaliação de riscos e impacto é a ferramenta que permite aos escritórios antecipar e preparar-se para essas correntes desafiadoras. Identificar potenciais riscos à privacidade dos dados e avaliar seu impacto não é apenas uma medida de conformidade, mas uma estratégia proativa para manter a segurança em meio à incerteza digital. É a antecipação cuidadosa das possíveis tempestades para garantir que o navio – neste caso, os dados – permaneça seguro e protegido.

7.2.5. Implementação de Medidas de Segurança: Fortalecendo as Amarras Digitais:

A segurança da informação é a âncora que mantém o escritório ancorado em águas seguras. Ao implementar medidas de segurança, como criptografia, autenticação de dois fatores e firewalls, os escritórios não apenas atendem aos requisitos legais, mas fortalecem suas amarras digitais. A proteção de dados torna-se não apenas uma obrigação, mas uma parte intrínseca da cultura organizacional. É a construção de uma muralha digital que não apenas protege contra invasões, mas também preserva a confidencialidade e a integridade dos dados.

7.2.6. Monitoramento Contínuo e Ajustes: A Navegação é uma Jornada, não um Destino

Navegar no cenário da LGPD não é uma jornada de ponto A a ponto B; é uma jornada contínua. Um plano de adequação eficaz requer monitoramento constante e ajustes conforme as condições do ambiente mudam. A implementação de tecnologias emergentes, mudanças nas regulamentações e evoluções nas práticas digitais exigem uma postura vigilante. O monitoramento contínuo não é apenas uma estratégia de conformidade, mas uma abordagem proativa para garantir que o escritório permaneça à frente das tendências e desafios na proteção de dados.

7.3 Rumo a uma Navegação Ética e Segura no Universo Digital

À medida que exploramos as nuances da elaboração de um plano de adequação à LGPD para advogados e escritórios jurídicos, torna-se evidente que estamos diante de uma jornada rica em desafios, oportunidades e, acima de tudo, responsabilidade ética. Este não é apenas um exercício para cumprir normas legais, mas uma oportunidade para esses profissionais se destacarem como líderes éticos em um cenário jurídico digital em constante evolução.

A análise cuidadosa do ambiente interno, como mencionado, é o ponto de partida crucial. Mapear as correntes dos dados dentro do escritório não apenas garante conformidade, mas lança luz sobre áreas de otimização e aprimoramento. Analogamente, assim como um navegador entende as complexidades do mar, o advogado deve compreender as nuances do fluxo de dados, promovendo uma cultura organizacional que valoriza a privacidade desde o início.

A conscientização e o treinamento, conforme destacado, transcendem a mera conformidade. Transformar cada membro da equipe em guardião ético dos dados não é apenas uma medida legal; é uma construção ativa de uma mentalidade que valoriza a privacidade como um direito essencial. Essa transformação não ocorre apenas nos corredores jurídicos, mas permeia cada aspecto da cultura organizacional, refletindo um compromisso genuíno com a responsabilidade compartilhada.

A transparência nas políticas de privacidade, como uma construção de confiança, é mais do que uma formalidade. É uma declaração clara de valores e compromissos, estabelecendo uma base sólida para relacionamentos duradouros com os clientes. Neste contexto, o advogado não é apenas um orientador legal, mas também um defensor ativo da confidencialidade e do respeito à privacidade.

A avaliação de riscos e impacto, como uma preparação para as correntes desafiadoras, é uma estratégia proativa para manter a integridade dos dados em tempos de incerteza. É um reconhecimento de que, assim como em alto-mar, a navegação no universo digital exige preparação meticulosa para enfrentar tempestades inesperadas. Isso não apenas garante a conformidade, mas também fortalece a resiliência do escritório frente aos desafios imprevisíveis.

A implementação de medidas de segurança, tratando os dados como ativos preciosos, é uma âncora que mantém o escritório seguro em águas digitais muitas vezes turbulentas. Essas medidas não são apenas salvaguardas contra ameaças cibernéticas, mas expressões tangíveis do compromisso do escritório em preservar a confidencialidade dos dados e proteger a confiança depositada pelos clientes.

Em última análise, a elaboração de um plano de adequação à LGPD não é uma jornada com destino final, mas uma navegação contínua. O monitoramento constante e ajustes regulares são a essência dessa jornada. Em um mundo digital em constante mudança, a adaptabilidade é a chave para se manter à frente das tendências e desafios. Este plano não é apenas um mapa, mas um compromisso renovado com a ética digital, uma promessa de navegar com responsabilidade e integridade no vasto oceano do universo jurídico digital. Ao adotar essas práticas, os advogados e escritórios jurídicos não apenas cumprem regulamentações; eles trilham um caminho de liderança ética, onde a proteção de dados é não apenas uma obrigação, mas uma jornada constante rumo a uma advocacia mais segura, transparente e confiável na era digital.

7.3.   Navegando nas Águas da Conformidade: O papel Vital do Treinamento dos Colaboradores para Advogados e Escritórios Jurídicos

No vasto horizonte do universo jurídico, onde a confiança e a confidencialidade são os pilares essenciais, a conformidade legal torna-se uma jornada vital. Para advogados e escritórios jurídicos, essa jornada é delineada não apenas por regulamentações, mas pela necessidade de envolver ativamente todos os membros da equipe. Este artigo explora a importância crítica do treinamento dos colaboradores para a conformidade, desvelando estratégias criativas para envolver advogados e equipes jurídicas em uma jornada coletiva rumo a práticas éticas e legais.

7.3.1. Compreendendo a Importância do Treinamento: Além da Formalidade Legal

O treinamento dos colaboradores para a conformidade vai além de uma formalidade legal; é um investimento estratégico na construção de uma cultura organizacional ética. Para advogados, cuja prática está intrinsecamente ligada à confidencialidade, o treinamento se torna a fundação para a confiança do cliente e a proteção dos interesses legais.

Não é apenas sobre normas e regulamentos; é sobre conscientização, compreensão e comprometimento com os princípios éticos que sustentam a prática jurídica.

7.3.2. Transformando Colaboradores em defensores da Ética Digital A Mentalidade Coletiva

O treinamento eficaz não é apenas sobre repassar informações, mas sobre cultivar uma mentalidade coletiva. Advogados e suas equipes não devem apenas compreender as regras, mas internalizar a responsabilidade ética de proteger os dados dos clientes. Transformar colaboradores em defensores da ética digital requer abordagens interativas, estudos de caso relevantes e a criação de conexões emocionais com a importância da conformidade. Ao fazer isso, cada membro da equipe se torna um participante ativo na salvaguarda da confidencialidade e integridade dos dados.

7.3.3. Customização do Treinamento: Adequando-se a Realidade Jurídica

A prática jurídica é diversificada e única, e o treinamento dos colaboradores deve refletir essa realidade. Ao customizar o treinamento para abordar especificidades da área jurídica, tornamos as informações mais relevantes e absorvíveis. Incorporar casos práticos relacionados ao direito, explorar dilemas éticos específicos da advocacia e fornecer orientações específicas para a proteção de informações sensíveis são elementos que tornam o treinamento mais envolvente e alinhado com os desafios diários enfrentados por advogados.

7.3.4. Conscientização Contínua: Nutrindo a Vigilância Ética

O treinamento não deve ser uma atividade única; é um processo contínuo de conscientização. O ambiente digital está em constante evolução, e novas ameaças à segurança de dados surgem regularmente. Conscientizar continuamente os colaboradores sobre as últimas tendências em segurança cibernética, regulamentações atualizadas e melhores práticas na proteção de dados é vital. Isso não apenas mantém a equipe informada, mas também nutre uma vigilância ética que é essencial para a conformidade a longo prazo.

7.3.5. Integração de Tecnologia e Simulações: Aprendizado Prático para a Prática Legal

A teoria é vital, mas a prática é fundamental. A integração de tecnologia e simulações práticas no treinamento oferece uma abordagem hands-on para a conformidade. Advogados podem se envolver em simulações de situações de violação de dados, testar protocolos de resposta a incidentes e explorar ferramentas tecnológicas para a proteção de informações sensíveis. Essa abordagem prática não apenas fortalece o aprendizado, mas também prepara a equipe para agir com eficácia em situações do mundo real.

7.3.6. Monitoramento e Incentivo; A Jornada é uma Construção Coletiva

A jornada de conformidade não é um destino final, mas uma construção contínua. O monitoramento constante do cumprimento das políticas, a avaliação regular das práticas de segurança e o reconhecimento de esforços individuais são componentes essenciais. Incentivar a conformidade não apenas reconhece a dedicação da equipe, mas também reforça a importância contínua da ética digital na prática jurídica.

É um lembrete constante de que a jornada é uma construção coletiva, onde cada membro da equipe desempenha um papel vital.

7.4.   Rumo a uma Cultura Jurídica Sustentável e Consciente

À medida que exploramos a importância do treinamento dos colaboradores para a conformidade em advogados e escritórios jurídicos, emerge uma narrativa intrínseca à essência da advocacia moderna. A conformidade legal não é uma formalidade burocrática, mas uma pedra angular na construção de uma cultura organizacional sustentável e consciente. Cada advogado, secretário e membro da equipe desempenha um papel vital na defesa da ética digital, transcendentando as barreiras tradicionais entre responsabilidades individuais e coletivas.

O entendimento de que o treinamento vai além da mera transmissão de informações jurídicas é crucial. Ele é um catalisador para transformar colaboradores em verdadeiros defensores da confidencialidade e integridade dos dados. A mentalidade coletiva cultivada por meio do treinamento não apenas assegura a conformidade legal, mas também promove uma abordagem proativa para enfrentar os desafios em constante evolução da segurança cibernética e da proteção de dados.

A customização do treinamento para refletir a diversidade da prática jurídica não é apenas uma estratégia pedagógica; é um reconhecimento da singularidade de cada área do direito. Isso não apenas torna o treinamento mais relevante, mas também fortalece a aplicação prática dos conceitos aprendidos. Ao integrar casos práticos e dilemas éticos específicos, os advogados se veem diante de desafios reais, preparando-os para a tomada de decisões fundamentadas no mundo jurídico.

A conscientização contínua surge como um farol que ilumina as águas do universo digital em constante mudança. Ao reconhecer que a conformidade não é um destino fixo, mas uma jornada em evolução, advogados e suas equipes se posicionam para abraçar inovações, adaptar-se a novas regulamentações e manter uma vigilância ética constante. Nesse contexto, a aprendizagem contínua não é apenas uma estratégia; é uma mentalidade que transcende os limites do treinamento formal.

A integração de tecnologia e simulações práticas não é uma medida isolada, mas um reflexo da natureza prática da prática jurídica. Ao permitir que os advogados experimentem situações do mundo real, testem protocolos de resposta a incidentes e explorem ferramentas tecnológicas, o treinamento se torna uma experiência imersiva. Isso não apenas fortalece a compreensão, mas também prepara a equipe para enfrentar desafios complexos em um ambiente jurídico cada vez mais digital.

A jornada de conformidade não é um esforço solitário, mas uma construção coletiva. O monitoramento constante e o reconhecimento de esforços individuais não apenas fortalecem a cultura organizacional, mas também incentivam a equipe a se comprometer continuamente com a ética digital. Ao celebrar conquistas e abordar desafios, os escritórios jurídicos não apenas atendem a padrões legais, mas estabelecem um padrão mais elevado de responsabilidade ética.

Em última análise, a conclusão dessa jornada de treinamento para a conformidade não é apenas uma pausa momentânea, mas o início de uma nova fase na advocacia moderna. Navegamos em direção a uma cultura jurídica sustentável, onde a ética digital não é apenas um requisito, mas a essência que define a integridade e confiança depositadas na profissão jurídica.

Cada treinamento, cada prática simulada, e cada passo nessa jornada coletiva contribuem para a construção de um futuro onde a advocacia não apenas se adapta ao mundo digital, mas lidera com resiliência, consciência e um compromisso inabalável com os mais altos padrões éticos.

7.5.   Navegando com Confiança: O papel Vital do Monitoramento e Revisão Contínua na Conformidade Jurídica

No intricado universo jurídico, onde as águas da conformidade são vastas e em constante mudança, o papel do monitoramento e revisão contínua emerge como uma bússola essencial para advogados e escritórios jurídicos.

Este tópico mergulha nas profundezas dessa prática, destacando a importância crítica do monitoramento constante para garantir não apenas a aderência a regulamentações em evolução, mas também a construção de uma base sólida para a confiança do cliente e a integridade do escritório.

7.5.1. A Natureza Dinâmica da Conformidade: Navegando em Águas em Constante Mudança

O cenário regulatório é como um oceano em constante movimento, sujeito a tempestades regulatórias inesperadas. Advogados e escritórios jurídicos devem abraçar a compreensão de que a conformidade não é um ponto estático, mas uma jornada dinâmica. O monitoramento contínuo é a âncora que mantém o escritório firme, permitindo adaptações ágeis às mudanças nas leis, regulamentações e práticas recomendadas. Em um ambiente onde a conformidade é uma constante metamorfose, a capacidade de ajustar as velas em resposta às mudanças é vital.

7.5.2. Construindo uma Cultura de Vigilância ética Além da Adesão Técnica

O monitoramento contínuo transcende a mera adesão técnica às normas legais; é a construção de uma cultura de vigilância ética. É uma mentalidade coletiva que permeia cada faceta da prática jurídica. Advogados e suas equipes não apenas cumprem requisitos; eles abraçam a responsabilidade ética de proteger os interesses dos clientes. Este monitoramento constante não é apenas uma formalidade, mas um compromisso com a integridade e a confiança, pilares essenciais da relação advogado-cliente.

7.5.3. A arte do Monitoramento Proativo: Antecipando Desafios e Oportunidades

Monitorar não é apenas observar passivamente; é uma prática proativa de antecipação de desafios e oportunidades. Advogados que adotam uma abordagem proativa para o monitoramento estão melhor posicionados para identificar possíveis riscos à conformidade antes que eles se transformem em tempestades regulatórias. Essa antecipação não apenas evita crises, mas também cria um ambiente onde os escritórios estão prontos para inovar e capitalizar oportunidades emergentes no cenário jurídico.

7.5.4. A arte do Monitoramento Proativo: Antecipando Desafios e Oportunidades

No mundo moderno, onde a advocacia se entrelaça com a tecnologia, o monitoramento eficaz exige a adoção de ferramentas adequadas. Ferramentas tecnológicas especializadas simplificam a análise de grandes volumes de dados, garantindo que nenhum detalhe escape à vigilância. Da automação de processos de conformidade à análise preditiva, essas ferramentas se tornam aliadas indispensáveis na navegação pelos desafios complexos da conformidade em um ambiente cada vez mais digital.

7.5.5. Avaliação de Políticas e Práticas Internas: Garantindo a Solidez das Amarras Jurídicas

O monitoramento constante não se restringe à observação de mudanças externas. É também uma análise profunda das políticas e práticas internas do escritório. Revisar regularmente as políticas de privacidade, protocolos de segurança e procedimentos operacionais garante que as amarras jurídicas do escritório se mantenham sólidas.

Ao questionar e aprimorar internamente, os advogados fortalecem não apenas sua conformidade externa, mas também a eficiência e eficácia interna.

7.5.6. O Ciclo de Aprendizado Contínuo: Crescendo com cada Onda da Mudança

O monitoramento contínuo não é um ciclo que se encerra; é um ciclo de aprendizado contínuo. Cada onda de mudança, cada desafio superado, e cada adaptação às novas circunstâncias contribuem para o crescimento do escritório. É um compromisso com a aprendizagem constante, a evolução e a melhoria contínua. Ao abraçar esse ciclo, os escritórios não apenas mantêm a conformidade, mas também se tornam catalisadores de mudanças positivas no cenário jurídico.

7.6.   A Jornada Perpétua da Conformidade Jurídica
7.7.

À medida que desembarcamos na conclusão desta exploração sobre o monitoramento e revisão contínua para garantir a conformidade em advogados e escritórios jurídicos, é evidente que estamos diante de uma jornada perpétua. A conformidade, nesse contexto, não é uma meta estática a ser alcançada, mas sim uma navegação constante nas águas em constante mutação do cenário jurídico.

A natureza dinâmica da conformidade exige uma mentalidade adaptável. O monitoramento contínuo, como âncora fundamental, não apenas permite reações ágeis às mudanças regulatórias, mas também instila uma cultura de vigilância ética.

Os advogados se tornam não apenas observadores das marés legais, mas agentes ativos na construção de uma prática jurídica centrada na integridade e na confiança do cliente.

Nesse contexto, a abordagem proativa para antecipar desafios e oportunidades é como um leme hábil nas mãos dos advogados. A capacidade de prever potenciais riscos à conformidade antes que se transformem em crises regulatórias não apenas preserva a estabilidade, mas também prepara o terreno para a inovação e a capitalização de oportunidades emergentes.

A adoção de ferramentas tecnológicas é um farol essencial na navegação pelos mares digitais da advocacia moderna. Em um mundo onde a tecnologia é inseparável da prática jurídica, essas ferramentas não apenas simplificam o monitoramento, mas também oferecem insights valiosos. A automação e a análise preditiva não são apenas conveniências tecnológicas, mas aliadas estratégicas na busca pela conformidade eficaz.

Ao avaliar internamente as políticas e práticas, os escritórios jurídicos garantem que suas amarras jurídicas estejam sólidas. A revisão regular das políticas de privacidade, dos protocolos de segurança e dos procedimentos operacionais não é apenas uma prática de conformidade, mas uma estratégia para manter a eficiência e a eficácia interna.

O ciclo de aprendizado contínuo encerra esta jornada. Cada onda de mudança, cada desafio superado e cada adaptação contribuem para o crescimento do escritório. Este ciclo não tem ponto final; é uma jornada perpétua de evolução. Ao abraçar essa filosofia, os advogados não apenas mantêm a conformidade, mas também se tornam agentes ativos na construção de um cenário jurídico mais robusto e eficiente.

Em última análise, a conclusão é mais um ponto de partida do que um encerramento. A navegação com sabedoria nas correntes da conformidade não é apenas uma estratégia inteligente, mas uma necessidade para a sobrevivência e a prosperidade na advocacia moderna. Esta é uma jornada em que os advogados não apenas se mantêm à tona, mas também lideram com confiança, adaptabilidade e um compromisso inabalável com os mais altos padrões éticos.

A conformidade, assim, não é apenas uma responsabilidade, mas uma missão constante rumo a um horizonte jurídico mais ético, eficiente e confiável.

CAPÍTULO 8

8.1. Navegando na Era da Privacidade e a Importância no Relacionamento com os Clientes para Advogados e Escritórios Jurídicos

8.1.1. A Revolução da Privacidade no Universo Jurídico

Num cenário onde as fronteiras entre o físico e o digital se tornam cada vez mais tênues, a privacidade emerge como a joia mais cobiçada no universo jurídico. No Brasil, a Lei Geral de Proteção de Dados (LGPD) é o farol que guia advogados e escritórios jurídicos por essas águas complexas. Este artigo explora a interseção entre a LGPD e o relacionamento com os clientes, destacando não apenas a conformidade legal, mas também a construção de uma base sólida de confiança e transparência.

8.1.1.2. O Cliente no Centro: A LGPD como Guardião da Confidencialidade

O relacionamento entre advogados e clientes sempre foi fundamentado na confiança. Com a LGPD, essa confiança ganha uma nova dimensão, tornando-se intrinsecamente ligada à proteção dos dados pessoais. A legislação não é apenas uma série de requisitos a serem cumpridos; é um compromisso de colocar o cliente no centro, garantindo que suas informações sejam tratadas com a máxima confidencialidade.

8.1.1.3. Transparência como Pilar: A Construção da Relação de Confiança

A LGPD não é apenas sobre proteção; é sobre transparência. Advogados e escritórios jurídicos, ao adotarem práticas transparentes em relação ao tratamento de dados, constroem alicerces sólidos para uma relação duradoura com os clientes. A comunicação clara sobre como os dados serão utilizados, armazenados e protegidos não apenas atende a exigências legais, mas também demonstra um compromisso genuíno com a integridade na gestão da informação.

8.1.1.4. Desafio da Adequação: Além da Superfície da Conformidade

A adequação à LGPD não é uma mera formalidade; é um desafio que requer uma profunda imersão nas práticas internas. Advogados e suas equipes devem questionar como os dados são coletados, processados e compartilhados. É uma jornada que exige uma compreensão holística de como cada pedaço de informação é tratado, desde a consulta inicial até a conclusão do caso. Este mergulho profundo não apenas atende à lei, mas também fortalece os alicerces da confiança com os clientes.

8.1.1.5. Responsabilidade Compartilhada: Envolvendo os Clientes na Proteção de Seus Dados

A LGPD não é uma responsabilidade que recai exclusivamente sobre os ombros dos advogados. É uma responsabilidade compartilhada, uma dança em que advogados e clientes são parceiros. Envolvendo os clientes na proteção de seus próprios dados, os advogados não apenas cumprem a legislação, mas também promovem uma mentalidade colaborativa. A conscientização dos clientes sobre seus direitos e a importância da privacidade não é apenas uma formalidade; é um ato de empoderamento e construção de uma parceria sólida.

8.1.1.6. Inovação Ética: Utilizando a LGPD como Trampolim para a Excelência

A LGPD não é um obstáculo à inovação; é um trampolim para a excelência ética. Ao adotar práticas inovadoras que garantam a conformidade, os advogados não apenas evitam penalidades, mas também elevam a qualidade do serviço oferecido. A incorporação de tecnologias seguras, como a criptografia de ponta a ponta, não apenas protege os dados, mas também demonstra um compromisso com a vanguarda ética no campo jurídico.

8.1.1.7. A Confiança como Diferencial Competitivo: LGPD como Catalisadora da Excelência Jurídica

Construir confiança não é apenas uma obrigação legal; é um diferencial competitivo. Na era da informação, onde os clientes têm opções abundantes, a confiança se torna a moeda mais valiosa. Advogados e escritórios jurídicos que abraçam a LGPD não apenas atendem a uma legislação; eles se destacam como defensores inabaláveis da privacidade, tornando-se escolhas naturais para clientes que valorizam não apenas resultados jurídicos, mas também a integridade na gestão de informações sensíveis.

8.2. A Aliança Inquebrável da Confiança na Era da Privacidade

À medida que encerramos esta exploração das complexidades da LGPD e seu impacto no relacionamento com os clientes para advogados e escritórios jurídicos, é imperativo aprofundar nossa compreensão sobre como essa legislação não é apenas um marco legal, mas uma aliança inquebrável na construção e manutenção da confiança.

A LGPD não é apenas um conjunto de regras a serem seguidas; é uma resposta visionária às crescentes demandas por privacidade no mundo digital. Ao colocar o cliente no centro das preocupações, ela redefine o significado da confiança na advocacia. Os advogados não são mais apenas detentores de conhecimento jurídico, mas guardiões éticos dos dados confidenciais de seus clientes.

Isso não apenas atende a uma regulamentação, mas eleva a prática jurídica a uma nova altura de responsabilidade e integridade.

Na construção dessa relação, a transparência emerge como um pilar inabalável. A comunicação clara sobre como os dados são coletados, utilizados e protegidos não é apenas uma formalidade, mas um compromisso tangível com a construção de uma relação de confiança. A LGPD, nesse contexto, não é uma barreira à comunicação, mas uma ferramenta que capacita advogados a serem mais transparentes, fortalecendo assim a confiança mútua.

Entender a LGPD não é apenas uma questão de conformidade; é um mergulho profundo na própria essência do relacionamento advogado-cliente. A adequação às diretrizes da LGPD exige uma introspecção nas práticas internas, uma revisão crítica de como os dados são gerenciados desde a primeira consulta até o desfecho do caso. Este desafio não apenas protege os advogados de implicações legais, mas também molda a maneira como a confiança é cultivada e mantida ao longo do tempo.

A responsabilidade compartilhada, preconizada pela LGPD, transcende as fronteiras da conformidade. Os advogados não são apenas responsáveis por proteger os dados; eles são também educadores. Envolver os clientes na proteção de seus próprios dados não apenas atende à legislação, mas também promove uma cultura de responsabilidade mútua. Isso não é apenas uma questão de cumprimento de regras, mas de construção de uma parceria onde ambas as partes estão investidas na segurança e integridade dos dados.

A inovação ética, sob o guia da LGPD, não é uma opção; é uma necessidade. Adotar tecnologias seguras não é apenas uma resposta ao avanço digital, mas um compromisso de oferecer serviços jurídicos na vanguarda da ética e proteção de dados. A LGPD, nesse contexto, não limita a inovação; ela aprimora, direcionando-a para um caminho que não compromete a privacidade em prol da eficiência.

Por fim, ao aprofundarmos nossa compreensão da LGPD e seu impacto no relacionamento advogado-cliente, surge uma verdade inegável: a confiança não é apenas um diferencial competitivo, mas o cerne da excelência jurídica na era da privacidade digital. Na concorrência acirrada pelo cliente informado e consciente, a conformidade à LGPD não é apenas uma obrigação legal, mas uma afirmação pública do compromisso ético. Os advogados e escritórios jurídicos que abraçam esse compromisso não apenas cumprem a lei; eles transcendem para se tornarem defensores incontestáveis da privacidade, construindo laços que resistem ao teste do tempo.

Assim, ao navegar nas águas desafiadoras da privacidade, a LGPD não é apenas uma bússola; é o próprio tecido que une advogados e clientes numa aliança duradoura de confiança e respeito mútuo. Nessa jornada, a privacidade deixa de ser apenas uma questão legal; ela se torna a base sólida sobre a qual se ergue uma advocacia mais consciente, ética e resiliente na era da informação.

CAPÍTULO 9

9.1. Aspectos Éticos e Legais na Advocacia: Navegando pelo Universo da LGPD no Relacionamento com Clientes

Na contemporaneidade jurídica, onde a tecnologia e a informação desempenham papéis cruciais, os profissionais do direito se deparam com desafios complexos relacionados à privacidade e proteção de dados. A Lei Geral de Proteção de Dados (LGPD) emerge como uma bússola, guiando advogados e escritórios jurídicos em meio ao intricado universo da gestão de informações pessoais de clientes. Neste artigo, exploraremos a interseção entre ética, legalidade e o relacionamento com clientes sob a égide da LGPD, provocando reflexões essenciais para a prática advocatícia contemporânea.

9.1.1. O Cenário Jurídico e a Proteção de Dados: Uma Dança Delicada

No epicentro do relacionamento entre advogados e clientes, a confiança é um elemento vital. A LGPD, ao introduzir princípios como a transparência e a finalidade, redefine a dança delicada que é a manipulação de dados pessoais. Os escritórios jurídicos, enquanto guardiões da confiança, devem articular uma abordagem ética na coleta e uso dessas informações, reconhecendo a dualidade entre a busca pela verdade processual e a preservação da privacidade do indivíduo.

9.1.2. Transparência e Consentimento: Pilares da Integridade na Advocacia Moderna

A transparência surge como farol ético no contexto da LGPD. Advogados precisam comunicar claramente aos clientes como seus dados serão utilizados, estabelecendo uma relação baseada na confiança mútua. O consentimento, nesse cenário, não é apenas um requisito legal; é um pacto ético. Compreender os limites da autorização concedida pelos clientes é essencial, garantindo que a atuação jurídica respeite não apenas as normas legais, mas também os valores éticos inerentes à profissão.

9.1.3. Desafios na Adequação: Uma Jornada Necessária para a Advocacia

A adequação à LGPD não é uma escolha, mas uma jornada necessária para a advocacia contemporânea. Escritórios jurídicos enfrentam o desafio de revisitar práticas consolidadas, adaptando-as aos novos padrões legais. Isso não é apenas uma questão técnica, mas um compromisso ético em oferecer serviços jurídicos alinhados com as expectativas modernas de privacidade. O caminho pode ser árduo, mas a recompensa é a construção de uma base sólida de confiança com os clientes.

9.1.4. A Responsabilidade do Advogado na Proteção de Dados Sensíveis

Dados sensíveis, como informações médicas ou orientação sexual, requerem uma atenção especial na prática jurídica. A LGPD exige que advogados entendam não apenas a letra da lei, mas também a sensibilidade ética necessária ao lidar com essas informações. A confidencialidade, um pilar da relação advogado-cliente, deve ser reforçada em todos os níveis, garantindo que informações sensíveis sejam tratadas com a devida diligência, respeitando a dignidade e a privacidade dos clientes

9.1.5. Inovação na Advocacia: Desafios e Oportunidades sob a LGPD

A inovação tecnológica na advocacia traz consigo desafios e oportunidades únicas. O uso de inteligência artificial, por exemplo, pode otimizar processos, mas também levanta questões éticas sobre o uso de dados pessoais. Advogados precisam equilibrar a busca pela eficiência com a responsabilidade ética, assegurando que a inovação não comprometa a integridade do relacionamento com os clientes nem viole as disposições da LGPD.

9.2. Consequências Jurídicas da Não Conformidade com a LGPD: Desvendando o Labirinto Legal para Advogados e Escritórios Jurídicos

Na intricada dança entre a advocacia e a Lei Geral de Proteção de Dados (LGPD), a não conformidade não é apenas uma irregularidade burocrática; é um mergulho em um labirinto legal repleto de consequências. Em um mundo onde a informação é tão valiosa quanto a própria justiça, advogados e escritórios jurídicos enfrentam não apenas desafios éticos, mas também implicações legais significativas pela falta de conformidade com a LGPD. Neste artigo, desvendaremos as ramificações dessa não conformidade, explorando um panorama onde a negligência pode custar mais do que a simples reputação profissional.

9.2.1. A Multifacetada Mácula na Reputação Profissional

A reputação é um ativo inestimável na advocacia, e a não conformidade com a LGPD pode lançar uma sombra significativa sobre essa reputação duramente conquistada. A sociedade moderna valoriza a transparência e o respeito à privacidade, e a violação desses princípios pode resultar em uma percepção pública negativa. Advogados e escritórios jurídicos, que são pilares da confiança, arriscam não apenas a perda de clientes, mas também danos irreparáveis à sua imagem perante a comunidade jurídica e a sociedade em geral.

9.2.2. Implicações Financeiras: O Peso das Multas e Indenizações

A LGPD não apenas exige conformidade ética, mas impõe penalidades financeiras significativas pela não conformidade. Multas substanciais podem ser aplicadas, representando um golpe financeiro que vai além do mero aspecto monetário. Advogados e escritórios jurídicos, ao negligenciarem as normas de proteção de dados, não apenas comprometem suas finanças, mas também prejudicam a estabilidade e viabilidade a longo prazo de suas práticas profissionais.

9.2.3. Perda de Clientes e Oportunidades de Negócio: Um Custo Oculto da Não Conformidade

A confiança do cliente é o alicerce da advocacia, e a não conformidade com a LGPD pode corroer essa confiança de maneira irreversível. Clientes conscientes da importância da proteção de dados podem optar por buscar serviços jurídicos em locais onde a conformidade é uma prioridade. A não conformidade não apenas resulta na perda imediata de clientes, mas também afasta potenciais clientes que buscam parceiros jurídicos comprometidos com os mais altos padrões éticos e legais.

9.2.4. Ações Judiciais e Responsabilidade Civil: Quando a Não Conformidade se Torna Litigiosa

A LGPD não apenas estabelece normas, mas também confere aos indivíduos o direito de buscar reparação por danos causados pela violação de seus dados pessoais. Advogados e escritórios jurídicos podem encontrar-se no banco dos réus, enfrentando ações judiciais e responsabilidade civil. A não conformidade não é apenas um desvio ético; é uma potencial porta de entrada para o tumulto jurídico, onde a defesa dos direitos individuais pode se traduzir em processos judiciais custosos.

9.2.5. Descredenciamento Profissional: Um Golpe Duro na Carreira Jurídica

Em um ambiente regulado por normas éticas e legais, a não conformidade com a LGPD pode resultar no descredenciamento profissional. Órgãos reguladores e associações de advocacia podem impor sanções disciplinares, comprometendo a licença e a capacidade de praticar do advogado. O descredenciamento não é apenas um golpe na carreira individual, mas também mancha a reputação de todo o escritório jurídico associado.

9.3. Um Chamado à Adaptação Ética na Advocacia Moderna

Ao culminar nossa jornada pelas implicações da não conformidade com a LGPD, é imperativo compreender que estamos em meio a uma revolução que vai além das fronteiras legais. A Lei Geral de Proteção de Dados não é apenas um conjunto de normas a serem seguidas, mas um chamado à adaptação ética na advocacia moderna.

Os advogados e escritórios jurídicos que não apenas atendem aos requisitos legais, mas também internalizam os princípios éticos subjacentes, estão destinados a prosperar em um cenário jurídico cada vez mais centrado na privacidade e na integridade.

A reputação profissional, como destacamos, é um ativo inestimável, e a não conformidade com a LGPD pode desencadear uma série de eventos que vão além das multas e penalidades financeiras. A confiança, uma vez abalada, pode ser difícil de recuperar, e os advogados devem compreender que a proteção de dados não é apenas uma obrigação legal, mas uma expressão tangível do respeito pelo cliente e pela comunidade em que estão inseridos.

Além das questões financeiras, a perda de clientes e oportunidades de negócio representa um custo oculto que se acumula ao longo do tempo. A lealdade do cliente está intrinsicamente ligada à confiabilidade e ao compromisso ético. Advogados e escritórios que negligenciam esses princípios podem se ver não apenas enfrentando a perda de casos, mas também a rejeição por parte de uma clientela cada vez mais consciente.

A responsabilidade civil e a possibilidade de ações judiciais evidenciam que a não conformidade não é um problema abstrato, mas algo que pode se traduzir em litígios custosos e danos irreparáveis à reputação. O descredenciamento profissional, por sua vez, é um alerta claro de que a comunidade jurídica exige não apenas competência técnica, mas um compromisso inabalável com a ética.

A conclusão é clara: a conformidade com a LGPD não é apenas uma escolha sensata, mas uma necessidade premente para a sustentabilidade e prosperidade na advocacia moderna. Os advogados que reconhecem a LGPD não como uma restrição, mas como um guia ético, estão posicionando-se não apenas para evitar as armadilhas legais, mas para liderar uma advocacia que respeita os direitos individuais e valoriza a confiança como seu maior ativo.

Este é um chamado à ação e à reflexão. A LGPD é mais do que uma legislação; é um farol que orienta os advogados em direção a uma prática ética e sustentável. À medida que nos despedimos desta exploração, que possamos internalizar a importância de navegar com prudência nas águas da LGPD, não apenas como uma exigência legal, mas como um compromisso inabalável com a integridade, a privacidade e a confiança.

CONCLUSÃO

A Lei Geral de Proteção de Dados (LGPD) é uma legislação que tem como objetivo proteger a privacidade e a segurança dos dados pessoais dos cidadãos brasileiros. A LGPD entrou em vigor em setembro de 2020 e desde então tem sido um tema de grande importância para empresas e organizações de todos os setores, incluindo os escritórios jurídicos.

Neste guia completo intitulado "LGPD para Advogados", abordamos de forma clara e objetiva os principais pontos da LGPD que os advogados e escritórios jurídicos precisam conhecer para se adequar à legislação e proteger a privacidade dos seus clientes.

Ao longo do documento, o demonstramos a importância da conformidade com a LGPD na prática jurídica, não apenas como uma exigência legal, mas como um compromisso ético e fundamental para a sustentabilidade e prosperidade na advocacia moderna. Os advogados que reconhecem a LGPD não como uma restrição, mas como um guia ético, estão posicionando-se não apenas para evitar as armadilhas legais, mas para liderar uma advocacia que respeita os direitos individuais e valoriza a confiança como seu maior ativo.

Um dos principais pontos abordados no guia é a necessidade de os escritórios jurídicos implementarem medidas de segurança e privacidade para proteger os dados pessoais dos seus clientes. Isso inclui a adoção de políticas e procedimentos internos para garantir a segurança dos dados, a realização de treinamentos para os funcionários sobre a LGPD e a implementação de medidas técnicas de segurança, como criptografia e controle de acesso.

Além disso, destacamos a importância de os advogados e escritórios jurídicos estarem preparados para lidar com incidentes de segurança e privacidade de dados, como vazamentos ou acessos não autorizados. Nesses casos, é fundamental que os escritórios tenham um plano de resposta a incidentes e comuniquem imediatamente os clientes afetados e as autoridades competentes.

Outro ponto importante abordado no guia é a necessidade de os advogados e escritórios jurídicos estarem atentos às bases legais para o tratamento de dados pessoais. A LGPD exige que o tratamento de dados pessoais seja realizado com base em uma das dez hipóteses previstas na lei, como o consentimento do titular dos dados ou o cumprimento de obrigação legal. Os advogados e escritórios jurídicos devem estar cientes dessas bases legais e garantir que o tratamento de dados pessoais seja realizado de forma lícita e transparente.

O guia também demonstra a importância de os advogados e escritórios jurídicos estarem preparados para lidar com solicitações dos titulares dos dados, como o direito de acesso, retificação e exclusão de dados pessoais. Os escritórios devem ter procedimentos claros para lidar com essas solicitações e garantir que os direitos dos titulares dos dados sejam respeitados.

Por fim, enfatizamos a importância dos advogados e escritórios jurídicos estarem atentos às consequências legais da não conformidade com a LGPD. A lei prevê sanções administrativas que podem chegar a 2% do faturamento da empresa, limitado a R$ 50 milhões por infração. Além disso, os escritórios podem enfrentar ações judiciais por danos morais e materiais decorrentes de violações à privacidade e segurança dos dados pessoais.

Em resumo, o guia "LGPD para Advogados" é um recurso valioso para os advogados e escritórios jurídicos que desejam se adequar à LGPD e proteger a privacidade e a segurança dos dados pessoais dos seus clientes. O compromisso com a privacidade e a conformidade com a LGPD são um compromisso contínuo na prática jurídica, e este guia serve como um guia valioso para alcançar esse objetivo.

APÊNDICE:

Glossário da LGPD para Escritórios Jurídicos e Advogados

A seguir, apresento um glossário alfabético de termos relacionados à Lei Geral de Proteção de Dados (LGPD), direcionado especialmente a escritórios jurídicos e advogados:

A. Anonimização:

- Processo que visa tornar irreversível a identificação de dados pessoais, tornando-os anônimos.

B. Controlador:

- Entidade responsável por tomar decisões sobre o tratamento de dados pessoais, seja uma pessoa física ou jurídica.

C. Consentimento:

- Manifestação livre, informada e inequívoca pela qual o titular concorda com o tratamento de seus dados pessoais.

D. Dados Pessoais:

- Informações relacionadas a pessoa natural identificada ou identificável, como nome, CPF, endereço, entre outros.

E. Encarregado (ou DPO - Data Protection Officer):

- Pessoa indicada pelo controlador para atuar como canal de comunicação entre o controlador, os titulares dos dados e a Autoridade Nacional de Proteção de Dados (ANPD).

F. Finalidade:

- Objetivo específico e legítimo para o qual os dados pessoais são coletados e processados.

G. Grupos de Tratamento:

- Classificação dos dados pessoais de acordo com sua natureza, sensibilidade e finalidade de tratamento.

H. Hipossuficiente:

- Pessoa natural que, devido à sua condição econômica, é considerada mais vulnerável em relação ao tratamento de seus dados.

I. Incidente de Segurança:

- Acontecimento que compromete a segurança dos dados pessoais, podendo resultar em vazamento ou acesso não autorizado.

J. Jurisdição:

- Área geográfica na qual a LGPD se aplica, no caso do Brasil, abrangendo todas as operações de tratamento de dados realizadas no país.

L. Legítimo Interesse:

- Base legal para o tratamento de dados pessoais quando necessário para atender a interesses legítimos do controlador.

M. Medidas Técnicas e Organizacionais:

- Procedimentos e práticas adotadas para assegurar a conformidade com a LGPD e proteger os dados pessoais.

N. Nulidade de Cláusulas Abusivas:

- Princípio que permite a anulação de cláusulas contratuais que contrariem as disposições da LGPD.

O. Operador:

- Entidade que realiza o tratamento de dados pessoais em nome do controlador, seguindo suas instruções.

P. Princípios da LGPD:

- Conjunto de diretrizes éticas, como finalidade, adequação, necessidade, livre acesso, qualidade dos dados, transparência, segurança, prevenção, não discriminação e responsabilização.

Q. Qualidade dos Dados:

- Princípio que estabelece a necessidade de manter dados precisos, atualizados e relevantes para a finalidade do tratamento.

R. Relatório de Impacto à Proteção de Dados (RIPD):

- Documento que avalia os impactos do tratamento de dados pessoais, especialmente aqueles de maior risco à privacidade.

S. Segurança da Informação:

- Conjunto de medidas e práticas para proteger os dados pessoais contra acessos não autorizados, perda ou destruição.

T. Titular:

- Pessoa natural a quem se referem os dados pessoais.

U. Uso Compartilhado de Dados:

- Compartilhamento de dados pessoais entre controladores, com objetivos específicos e em conformidade com a LGPD.

V. Vazamento de Dados:

- Divulgação não autorizada de dados pessoais, seja por falhas de segurança ou ações maliciosas.

Este glossário visa fornecer uma referência abrangente para termos relacionados à LGPD, auxiliando advogados e escritórios jurídicos na compreensão e aplicação efetiva desses conceitos no âmbito de suas práticas profissionais.

MODELOS DE DOCUMENTOS PARA ADEQUAÇÃO À LGPD

POLÍTICA DE PRIVACIDADE

Este documento deve ser elaborado pelo advogado ou escritório jurídico para informar aos clientes, visitantes, prestadores de serviços e funcionários sobre como os dados pessoais são coletados, processados e armazenados. A política de privacidade deve ser clara e objetiva, e deve incluir informações sobre os direitos dos titulares dos dados, como o direito de acesso, retificação e exclusão dos dados pessoais.

**POLÍTICA DE PRIVACIDADE DO (NOME DO ESCRITÓRIO JURÍDICO E OU DO ADVOGADO) **

1. **Introdução:**
   o [Nome do Escritório Jurídico/ Advogado] compromete-se a proteger a privacidade e os dados pessoais de seus clientes. Esta política esclarece como coletamos, processamos, utilizamos e protegemos essas informações.
2. **Coleta de Dados:**
   o Descrever os tipos de dados pessoais coletados, como nome, endereço, e-mail, entre outros, e a finalidade dessa coleta.
3. **Base Legal:**
   o Indicar as bases legais para o tratamento dos dados, como o consentimento explícito dos clientes ou o legítimo interesse do escritório.
4. **Segurança da Informação:**
   o Detalhar as medidas técnicas e organizacionais adotadas para garantir a segurança dos dados pessoais.

5. **Compartilhamento de Dados:**
   - o Especificar com quem os dados podem ser compartilhados e sob quais circunstâncias, garantindo conformidade com a LGPD.

6. **Direitos do Titular:**
   - o Informar sobre os direitos dos titulares, como acesso, retificação, exclusão e portabilidade dos dados.

7. **Atualizações da Política:**
   - o Comprometer-se a atualizar a política conforme necessário e comunicar aos clientes sobre quaisquer alterações.

TERMO DE CONSENTIMENTO PARA TRATAMENTO DE DADOS

Este documento deve ser elaborado pelo advogado ou escritório jurídico. O termo de consentimento deve ser específico para cada finalidade de tratamento, e deve ser obtido de forma livre, informada e inequívoca.

TERMO DE CONSENTIMENTO PARA TRATAMENTO DE DADOS PESSOAIS - LGPD[3]

Eu, [Nome do Cliente], CPF [Número do CPF], concordo voluntariamente em permitir que o escritório [Nome do Escritório Jurídico] colete, processe e utilize os meus dados pessoais para os fins específicos de [descrever a finalidade, como prestação de serviços jurídicos]. Entendo que posso revogar este consentimento a qualquer momento, conforme os termos da Política de Privacidade do escritório.

Assinatura: _____

Data: //____

---

[3] Este termo de consentimento é um documento importante para garantir que os titulares dos dados compreendam e concordem com o tratamento de suas informações pessoais pelo condomínio, em conformidade com a Lei Geral de Proteção de Dados (LGPD). Certifique-se de adaptar este modelo de acordo com as necessidades específicas do seu condomínio e em estrita conformidade com a legislação vigente.

CONTRATO DE CONFIDENCIALIDADE E PROTEÇÃO DE DADOS

Este documento deve ser utilizado pelo escritório jurídico/ Advogado para estabelecer as obrigações do prestador de serviços em relação à proteção de dados pessoais. O contrato deve incluir cláusulas específicas sobre a proteção de dados pessoais, como a obrigação de adotar medidas de segurança adequadas e a proibição de compartilhar os dados pessoais com terceiros sem autorização prévia do condomínio.

** CONTRATO DE CONFIDENCIALIDADE E PROTEÇÃO DE DADOS**

** Partes: **

- [Nome do Cliente]
- [Nome do Escritório Jurídico]

1. **Confidencialidade:**
   o Ambas as partes concordam em manter estritamente confidenciais todas as informações trocadas durante a prestação de serviços jurídicos.

2. **Proteção de Dados:**
   o O escritório compromete-se a tratar os dados pessoais do cliente de acordo com os princípios da LGPD, implementando medidas adequadas de segurança.

3. **Uso Restrito:**
   o Os dados pessoais serão utilizados apenas para os fins acordados entre as partes e não serão compartilhados com terceiros sem consentimento prévio.

4. **Responsabilidade:**
   o Estabelecer as responsabilidades de cada parte em relação à proteção e tratamento adequado dos dados pessoais.

5. **Vigência e Rescisão:**
   o Especificar a vigência do contrato e as condições para rescisão, incluindo a exclusão segura dos dados após o término da relação contratual.

POLÍTICA DE SEGURANÇA DA INFORMAÇÃO PARA PROTEÇÃO DE DADOS PESSOAIS DO ESCRITÓRIO JURÍDICO / ADVOGADO

Política de Segurança da Informação: Este documento deve ser elaborado pelo escritório jurídico / advogado para estabelecer as medidas de segurança que serão adotadas para proteger os dados pessoais. A política de segurança da informação deve incluir medidas técnicas e organizacionais, como a criptografia de dados, o controle de acesso aos dados pessoais e a realização de backups periódicos.

** POLÍTICA DE SEGURANÇA DA INFORMAÇÃO PARA PROTEÇÃO DE DADOS PESSOAIS DO ESCRITÓRIO JURÍDICO / ADVOGADO**

1. Introdução

Esta Política de Segurança da Informação (PSI) tem como objetivo estabelecer diretrizes e medidas para garantir a segurança e proteção dos dados pessoais de moradores, visitantes, prestadores de serviços e funcionários, em conformidade com a Lei Geral de Proteção de Dados (LGPD). A segurança da informação é fundamental para a integridade, confidencialidade e disponibilidade dos dados.

2. Escopo

Esta PSI aplica-se a todos os colaboradores, prestadores de serviços e demais envolvidos no tratamento de dados pessoais no âmbito do escritório jurídico / advogado.

3. Princípios da Segurança da Informação

A segurança da informação será baseada nos seguintes princípios:

3.1. **Confidencialidade: **

Assegurar que os dados pessoais sejam acessíveis apenas para pessoas autorizadas, preservando sua confidencialidade.

3.2. **Integridade: **

Garantir que os dados pessoais sejam precisos, íntegros e protegidos contra alterações não autorizadas.

3.3. **Disponibilidade: **

Garantir que os dados pessoais estejam disponíveis quando necessários para os fins para os quais foram coletados e autorizados.

4. Responsabilidades e Papéis

4.1. **Encarregado de Proteção de Dados (DPO): **
  - Designar um DPO responsável por garantir o cumprimento das políticas de segurança e monitorar o tratamento dos dados pessoais.

4.2. **Colaboradores: **

 - Cumprir as políticas de segurança da informação e seguir as práticas estabelecidas para o tratamento de dados pessoais.

5. Medidas de Segurança

5.1. **Acesso Controlado: **

 - Estabelecer controles de acesso aos dados pessoais, garantindo que apenas pessoas autorizadas possam acessá-los.

5.2. **Criptografia de Dados: **

- Utilizar criptografia para proteger os dados pessoais durante o armazenamento e transmissão.

5.3. **Monitoramento de Sistemas: **

- Implementar sistemas de monitoramento para detectar e prevenir possíveis incidentes de segurança.

5.4. **Treinamento e Conscientização: **

- Realizar treinamentos regulares para conscientizar os colaboradores sobre a importância da segurança da informação e as práticas adequadas para o tratamento de dados pessoais.

5.5. **Backup de Dados: **

- Realizar backups periódicos dos dados pessoais para garantir sua disponibilidade em caso de falhas ou incidentes.

6. Incidentes de Segurança

6.1. **Notificação de Incidentes: **

- Estabelecer procedimentos claros para notificar incidentes de segurança à equipe responsável, permitindo a ação imediata para mitigar possíveis danos.

6.2. **Análise e Aprendizado: **

- Realizar análises pós-incidentes para identificar falhas e implementar melhorias na segurança da informação.

7. Revisão e Atualização

Esta Política de Segurança da Informação será revisada periodicamente e atualizada conforme necessário para garantir a eficácia e conformidade com as regulamentações aplicáveis.

Data de Vigência:

A presente PSI entra em vigor a partir da data de sua aprovação.

Assinatura do Responsável:

Nome:
Cargo:
Assinatura:

Aprovação da Administração:

Nome:
Cargo:
Assinatura:

PROCEDIMENTO DE RESPOSTA A INCIDENTES:

Este documento deve ser elaborado pelo escritório jurídico / advogado para estabelecer os procedimentos que serão adotados em caso de vazamento de dados pessoais. O procedimento de resposta a incidentes deve incluir a identificação do incidente, a notificação dos titulares dos dados e das autoridades competentes, a investigação das causas do incidente e a adoção de medidas para evitar a ocorrência de novos incidentes.

Procedimento de Resposta a Incidentes

**Procedimento de Resposta a Incidentes para escritório jurídico / advogado **

1. Introdução

Este Procedimento de Resposta a Incidentes tem como objetivo estabelecer diretrizes e ações a serem tomadas em caso de incidentes de segurança da informação no âmbito do escritório jurídico / advogado. A pronta identificação e resposta a incidentes são fundamentais para mitigar possíveis danos e garantir a segurança dos dados pessoais.

2. Definições

2.1. **Incidente de Segurança: **
Qualquer evento que comprometa a confidencialidade, integridade ou disponibilidade dos dados pessoais, podendo resultar em danos ao condomínio ou aos titulares dos dados.

2.2. **Equipe de Resposta a Incidentes (ERI): **

Grupo designado para coordenar a resposta a incidentes de segurança, composto por membros com funções e responsabilidades definidas.

****3. Classificação de Incidentes****

3.1. **Níveis de Classificação: **

- Nível 1: Incidente de baixa gravidade, com potencial mínimo de dano.

- Nível 2: Incidente moderado, com potencial de dano moderado aos dados e operações do condomínio.

- Nível 3: Incidente grave, com potencial significativo de dano aos dados e operações do condomínio.

****4. Procedimentos de Resposta****

4.1. **Identificação e Avaliação: **

- Identificar e classificar o incidente de acordo com os níveis definidos.

- Avaliar o impacto e o escopo do incidente nos dados pessoais e nas operações do condomínio.

4.2. **Notificação e Comunicação: **

- Notificar imediatamente a Equipe de Resposta a Incidentes (ERI) sobre o incidente.

- Comunicar a administração e demais partes interessadas conforme a gravidade do incidente.

4.3. **Isolamento e Contenção: **

- Isolar a área afetada para evitar a propagação do incidente.

- Tomar medidas para conter e minimizar o impacto do incidente.

4.4. **Investigação e Análise: **

- Realizar uma investigação detalhada para determinar a origem e as causas do incidente.

- Coletar evidências e documentar as descobertas da investigação.

4.5. **Recuperação e Restauração: **

- Restaurar os sistemas, dados e funcionalidades afetados ao estado normal de operação.

- Verificar se os sistemas estão livres de ameaças e vulnerabilidades.

4.6. **Aprendizado e Melhoria: **

- Realizar uma análise pós-incidente para identificar lições aprendidas e oportunidades de melhoria.

- Atualizar políticas, procedimentos e medidas de segurança com base nas conclusões da análise pós-incidente.

5. Responsabilidades

5.1. **Equipe de Resposta a Incidentes (ERI): **

- Coordenar a resposta a incidentes e executar os procedimentos definidos neste documento.

- Comunicar as autoridades e partes interessadas, conforme necessário.

5.2. **Colaboradores: **

- Reportar qualquer suspeita ou incidente de segurança à ERI imediatamente.

- Colaborar com a ERI durante a investigação e resposta ao incidente.

6. Revisão e Atualização

Este Procedimento de Resposta a Incidentes será revisado e atualizado conforme necessário para garantir sua eficácia e alinhamento com as regulamentações vigentes.

**Data de Vigência: **

O presente Procedimento de Resposta a Incidentes entra em vigor a partir da data de sua aprovação.

**Assinatura do Responsável: **

Nome:

Cargo:

Assinatura:

Além dos modelos de documentos mencionados anteriormente, é importante lembrar que a adequação à LGPD é um processo contínuo e que envolve a adoção de medidas técnicas e organizacionais para garantir a proteção dos dados pessoais. Algumas outras medidas que podem ser adotadas pelos condomínios incluem:

1. Realização de treinamentos: É importante que os funcionários e prestadores de serviços do escritório jurídico / advogado sejam treinados sobre a LGPD e as medidas de segurança que devem ser adotadas para proteger os dados pessoais.

2. Revisão de contratos: escritório jurídico / advogado deve revisar os contratos com fornecedores e prestadores de serviços para garantir que eles estejam em conformidade com a LGPD.

3. Avaliação de riscos: O escritório jurídico / advogado deve realizar uma avaliação de riscos para identificar as vulnerabilidades em relação à proteção de dados pessoais e adotar medidas para mitigar esses riscos.

4. Monitoramento contínuo: O escritório jurídico / advogado deve monitorar continuamente o tratamento de dados pessoais para garantir que ele esteja em conformidade com a LGPD e adotar medidas corretivas em caso de não conformidade.

Lembre-se de que a LGPD é uma legislação importante e que deve ser levada a sério pelo escritório jurídico / advogados. A adoção de medidas de proteção de dados pessoais não só garante o cumprimento da lei, mas também ajuda a construir a confiança dos moradores, visitantes, prestadores de serviços e funcionários em relação ao escritório jurídico / advogado.

REFERÊNCIAS BIBLIOGRAFICAS

ASSOCIAÇÃO BRASILEIRA DE NORMAS TÉCNICAS (ABNT). *NBR ISO/IEC 27001:2005,2005.*

ASSOCIAÇÃO BRASILEIRA DE NORMAS TÉCNICAS (ABNT). *NBR ISO/IEC 27037:2013,2013.*

BARROSO, Luís Roberto. **Curso de Direito Constitucional Contemporâneo:** Os Conceitos Fundamentais e a Construção do Novo Modelo. 2ª Edição, Editora Saraiva, 2010.

BONNA, Alexandre Pereira. **Dados Pessoais, Identidade Virtual e a Projeção da Personalidade: "Profiling", Estigmatização e Responsabilidade Civil.** In: Martins, Guilherme Magalhães; Rosenvald, Nelson. (Coord.). Responsabilidade Civil e Novas Tecnologias. Indaiatuba, SP. Editora Foco, 2020.

BLUM, Renato Opice; VAINZOF, Rony. Proteção de Dados Pessoais: A Lei Geral de Proteção de Dados (LGPD) e seus Impactos. Editora: Migalhas 2021.

BRASIL. Constituição. **Constituição da República Federativa do Brasil.** Brasília*: Senado Federal: Centro Gráfico, 1988.*

BRASIL. **Lei 8.078 de 11 de setembro de1990 (Código de Defesa do Consumidor) (C.D.C)** Brasília, DF,11 de setembro de 1990. Disponível em: https://www.planalto.gov.br/ccivil_03/leis/l8078compilado.htm. Acesso em: 23 nov. 2023.

BRASIL. **Lei 9.279 de 14 de maio de1996 (Lei de Propriedade Industrial) (L.P.I)** Brasília, DF,14 de maio de 1996. Disponível em: https://www.planalto.gov.br/ccivil_03/leis/l9279.htm. Acesso em: 23 nov. 2023.

BRASIL. **Lei 10.406 de 10 de janeiro de 2002(Código Civil Brasileiro) (C.C)** Brasília, DF,10   de   janeiro   de   2002.   Disponível   em: https://www.planalto.gov.br/ccivil_03/leis/2002/l10406compilada.htm. Acesso em: 23 nov. 2023.

BRASIL. **Lei nº 12.527 de 18 de novembro de 2011 (Lei de Acesso às Informações públicas)**.2011.   in   <http://www.planalto.gov.br/ccivil_03/_ato2011-2014/2011/lei/l12527.htm> Acesso em: 23 nov. 2023.

.

BRASIL. **Lei 12.965 de 23 de abril de 2014.   (Marco civil da internet).** 2014. In <http://www.planalto.gov.br/ccivil_03/_ato2011- 2014/2014/lei/l12965.htm> Acesso em: 23 nov. 2023

BRASIL. **Lei 13. 709 de 14 de agosto de 2018. (Lei Geral de Proteção de Dados Pessoais) (LGPD)**. Brasília, DF, 15 de agosto de 2018 e modificações 2019. Disponível em: http://www.planalto.gov.br/ccivil_03/_ato2015-2018/2018/lei/L13709.htm. Acesso em: 23 nov. 2023

DELGADO, Mauricio Godinho; **Curso de Direito do Trabalho**. Editora: LTR 2020.

SOBRE O AUTOR

Paulo Ricardo Ludgero, especialista em Direito Informático e renomado profissional da área jurídica, possui vasta experiência no campo da proteção de dados e segurança da informação. Com formação em Ciências Jurídicas e inscrito na OAB /PR sob o número 70965, Paulo sempre demonstrou paixão pelo universo do Direito e sua aplicação no contexto digital.

Durante sua trajetória acadêmica, produziu diversos textos para blogs e revistas jurídicas, buscando sempre compartilhar seu conhecimento e insights sobre temas relevantes da área. Seu comprometimento com o aprendizado e a inovação o levou a cursar pós-graduação em Direito Processual Civil na renomada Universidade Cândido Mendes, na cidade do Rio de Janeiro.

Especialista em Assessoria Jurídica relacionada ao Terceiro Setor, Paulo Ludgero tem um destaque especial em lidar com demandas de ONGs, Igrejas e Associações, garantindo que essas instituições estejam em conformidade com as leis vigentes e protejam os dados de seus membros e fiéis.

Com uma sólida formação e experiência, ele também se especializou em Direito Criminal pela PUC-SP e Direito Empresarial com ênfase no Terceiro Setor pela FGV em 2019. Além disso, concluiu pós-graduação em Direito Criminal com especialidade em Compliance empresarial pela FGV em 2020.

Seu contínuo interesse pelo desenvolvimento pessoal e profissional o levou a prosseguir seus estudos, e atualmente, Paulo Ricardo Ludgero é doutorando em Direito Constitucional na renomada Universidade de Buenos Aires.

Autor do livro **"PROVAS DIGITAIS: UMA ABORDAGEM COMPLETA NA ERA DIGITAL"- Iº MANUAL DE CELEBRAÇÕES PARA IGREJAS INCLUSIVAS PLURALISTAS E LEGISLAÇÃO APLICADA - LGPD PARA STARTUPS - PROVAS DIGITAIS NO DIREITO ELEITORAL BRASILEIRO: DESAFIOS E PERPECTIVAS - LGPD PARA CONDOMÍNIOS PROTEGENDO A PRIVACIDADE E SEGURANÇA DOS CONDÔNIMOS** já publicados e amplamente reconhecido no campo do Direito Informático, Paulo tem como missão compartilhar seu conhecimento e expertise com a série de livros **"PROTEÇÃO 360: NAVEGANDO NA ERA DA LGPD"**, proporcionando aos leitores orientações práticas e fundamentadas para uma abordagem ética e segura da Lei Geral de Proteção de Dados.

Com uma carreira sólida e comprometida com o avanço do Direito na era digital, Paulo Ricardo Ludgero se destaca como um autor respeitado e comprometido em auxiliar instituições e profissionais a navegarem de forma segura e confiante na aplicação da LGPD.